经典百年海战大观

"威尔士亲王"号覆没记

田树珍 ★ 编著

民主与建设出版社
·北京·

© 民主与建设出版社，2018

图书在版编目（CIP）数据

"威尔士亲王"号覆没记 / 田树珍编著． -- 北京：民主与建设出版社，2018.6

（经典百年海战大观）

ISBN 978-7-5139-2005-6

Ⅰ．①威…　Ⅱ．①田…　Ⅲ．①第二次世界大战战役—海战—史料　②战列舰—英国—1941—史料　Ⅳ．① E195.2　② E925.61

中国版本图书馆 CIP 数据核字（2018）第 038772 号

"威尔士亲王"号覆没记
WEI'ERSHI QINWANG HAO FUMOJI

出 版 人	李声笑
编 著 者	田树珍
责任编辑	吴优优
封面设计	朝圣设计
出版发行	民主与建设出版社有限责任公司
电　　话	（010）59417747　59419778
社　　址	北京市海淀区西三环中路 10 号望海楼 E 座 7 层
邮　　编	100142
印　　刷	湖南汇龙印务有限公司
版　　次	2018 年 6 月第 1 版
印　　次	2022 年 6 月第 2 次印刷
开　　本	710 毫米 ×1000 毫米　1/16
印　　张	15
字　　数	180 千字
书　　号	ISBN 978-7-5139-2005-6
定　　价	39.80 元

注：如有印、装质量问题，请与出版社联系。

前　言

大海战 100 年

美国杰出的军事理论家马汉于 1890—1905 年间提出了制海权理论，其核心是"谁能控制海洋，谁就能控制陆地，进而控制整个世界"。因此，掌握全面制海权不仅是海军的核心任务，更是国家的战略目标，人类近代海战史充分印证了马汉这一理论。

近百年来，以美国、英国、法国、德国、意大利、日本为首的军事强国都在优先发展海上力量。在第一、第二次世界大战及近代几次战争中，这些国家通过海上封锁、破坏对方海上运输线、海上决战等方式，在一定海域内获得了制海权，进而实现了控制相关陆地的战略目的。

这其中，留给我们印象最深刻的是两次世界大战，无论是作战规模、作战样式，还是战争的惨烈程度都是空前的。在这两场战争中，海战这一古老的战争类型，由于使用了新武器、新装备，发生了革命性的变化。当德国的"俾斯麦"号和"提尔皮茨"号、日本的"大和"号和"武藏"号、英国的"威尔士亲王"号等超级战列舰被奉为"海战之王"时，以美国为代表的航空母舰及其战斗群横空出世，在一场场血与火的搏杀中表现出色，为美国最终赢得太平洋战争立下汗马功劳，名正言顺地取代了战列舰成为新的"海上霸主"。同时，随着人类科学技术的不断进步，核潜艇的出现又彻底打破了固有的海战模式，其强大的战略、战术威慑力，使之成为令人生畏的深海杀手。

为了再现近百年的大海战全景，我们精心推出"经典百年海战大观"系列丛书。这套书详细地再现了近百年来海战中的经典战例、著名战舰以及一些鲜为人知的人物故事，共20册，每册讲述一个独立的海战故事，书中涉及日德兰之战、珍珠港之战、珊瑚海之战、中途岛之战、瓜达尔卡纳尔之战、莱特湾之战、马里亚纳群岛之战、围歼"俾斯麦"号战列舰之战等海战史上至今仍然被人们津津乐道的经典战役。

进入21世纪，中国人民解放军海军迅速发展壮大，有力地保卫了祖国海防，但中国海军依然任重道远。要保护我们国家的利益，需要建设强大的海军，需要我们比以往任何时候都更加关注海洋、了解海战的历史。

目 录

第一章
初战扬威

★"我已经不能再等下去了！我不能在英国这个敌人上耗费太多的时间，必须尽快打垮它，否则被拖垮的就是我们！"希特勒的目光咄咄逼人。

★希特勒相信他的"俾斯麦"号战列舰能横扫大西洋，丘吉尔认为"威尔士亲王"号战列舰能斩杀"俾斯麦"号战列舰，究竟谁更胜一筹呢？

★"威尔士亲王"号战列舰舰长利奇亲眼看见了英国皇家海军最大的"胡德"号战列巡洋舰被击沉的悲惨下场。他还没回过神来，"俾斯麦"号战列舰和"欧根亲王"号重巡洋舰便嘶吼着将呼啸的弹雨全部倾泻过来。

★吕特晏斯深知：英军舰载机的攻击表明英军航空母舰就在不远处，他们实力强大的英国皇家海军本土舰队肯定正从几个方向全速赶来，而"俾斯麦"号战列舰燃料匮乏，无法长时间高速航行，形势相当不妙。

1. "海上杀手"出海 / 002
2. "威尔士亲王"号战列舰严阵以待 / 014
3. 悲情的"胡德"号战列巡洋舰 / 028
4. 最后的挣扎 / 040
5. 困兽犹斗 / 055

第二章
风云际会

★ "罗德尼"号战列舰竟然在距离"俾斯麦"号战列舰仅仅3600米处来回穿行，9门主炮连连齐射弹如雨下，"俾斯麦"号战列舰上层建筑烈焰翻滚，浓烟四起，面目全非。

★ 丘吉尔和罗斯福都觉得有必要谈谈，一切很快就安排好了。地点选定为纽芬兰的普拉森夏湾，日期定为8月9日。丘吉尔特意命"威尔士亲王"号战列舰作为自己的座驾，准备出发。

★ 当丘吉尔乘"威尔士亲王"号战列舰离开的时候，美国驱逐舰队把他一直护送到冰岛。

★ 在丘吉尔看来，"威尔士亲王"号战列舰将是最好的可能震慑日本的军舰，所以他将做出一切努力把它永久地抽调出去。

1. 见证《大西洋宪章》/ 070
2. 英美联盟 / 081
3. 日本耍阴谋 / 089

第三章
岛国豪强梦

★美国人根本没想到日本人真敢动手，12月7日，珍珠港被偷袭。日本海军出动6艘航空母舰，载有400多架飞机，对美国檀香山的海军基地珍珠港发动了突然袭击。

★山本五十六大胆提出："以强大的航空力量摧毁敌巢，在物质和精神两方面给敌人以沉重的打击，使其在一个时期内无法复原。"

★为了保护属于英联邦的印度、澳大利亚和新西兰等地，英国政府决定把新加坡作为防御重点。倘若新加坡落入日本手中，其灾难之大，仅仅次于大不列颠本岛沦陷。

1. 南进计划 / 102
2. 风起太平洋 / 111
3. 英美大意了 / 121
4. 远东危机 / 131

经典 百年海战大观 "威尔士亲王"号覆没记

第四章

海上争霸

★日军"淡路山"号运输舰先后中弹16发，船体中央发生大爆炸，被炸毁的士兵随着爆炸气浪和火焰飞上夜空，又迅速落入海里，舰体断为两截，慢慢沉入海底。

★"威尔士亲王"号战列舰和"反击"号战列巡洋舰一马当先，在4艘驱逐舰的分列两侧护卫下，正在以18节的速度劈波斩浪，向北行驶，目标直指位于马来半岛北部的宋卡。

★一头吃夜草的水牛踩响了英军在海岸边布设的地雷，引起一连串爆炸。当地守军草木皆兵，误以为是日军登陆了，慌忙向新加坡英军总部报告了情况。

★9架日军鱼雷机巧妙地从几个不同方向，一架接一架地交叉俯冲攻击。炮手们来不及及时掉转炮口。"反击"号战列巡洋舰先后被4枚鱼雷击中，接连发生爆炸。

1. 全面进攻 / 144

2. 危机四伏 / 153

3. 死神的镰刀 / 163

4. 猎杀者 / 175

第五章
降落的米字旗

★ "威尔士亲王"号战列舰迅速沉入水中,很快被海水淹没,海面形成一个巨大的旋涡,四周腾起一片翻卷的浪花,随后一切又恢复了平静,海面上漂满油污和水兵的尸体。

★ 日军进入柔佛州开阔地带后,两个主力师同时展开,企图抢在英军得到增援之前占领马来半岛最南端。英军原计划在柔佛州抢建工事,构成新加坡北部屏障,固守待援。

★ 韦维尔拿出丘吉尔首相的电文,高声念道:"战斗必须拼到底。战地指挥官和高级军官应该和士兵死在一起。英国的荣誉在此一举。"

★ "狮城"新加坡一片沉寂,连零星的炮声都没了。英军在远东苦心经营了100多年的"东方直布罗陀"和世界第4大军港到处插满了太阳旗。

1. "威尔士亲王"号战列舰沉没 / 190
2. 日军继续推进 / 198
3. 新加坡,誓不放弃 / 208
4. 别了,战友 / 217

第一章
初战扬威

★ "我已经不能再等下去了！我不能在英国这个敌人上耗费太多的时间，必须尽快打垮它，否则被拖垮的就是我们！"希特勒的目光咄咄逼人。

★ 希特勒相信他的"俾斯麦"号战列舰能横扫大西洋，丘吉尔认为"威尔士亲王"号战列舰能斩杀"俾斯麦"号战列舰，究竟谁更胜一筹呢？

★ "威尔士亲王"号战列舰舰长利奇亲眼看见了英国皇家海军最大的"胡德"号战列巡洋舰被击沉的悲惨下场。他还没回过神来，"俾斯麦"号战列舰和"欧根亲王"号重巡洋舰便嘶吼着将呼啸的弹雨全部倾泻过来。

★ 吕特晏斯深知：英军舰载机的攻击表明英军航空母舰就在不远处，他们实力强大的英国皇家海军本土舰队肯定正从几个方向全速赶来，而"俾斯麦"号战列舰燃料匮乏，无法长时间高速航行，形势相当不妙。

1."海上杀手"出海

第二次世界大战爆发后,鉴于英国皇家海军的传统优势,德国海军部制订的战略方针是"以切断英国海上运输,打击其运输船队为主"。为此,德国海军不仅投入了庞大的潜艇部队和伪装成商船的辅助巡洋舰,还出动了大型水面舰艇执行这一使命。

德国人的"游击战"的确取得了一系列"优异"的成绩。如1939年8月,"斯佩伯爵"号战列巡洋舰在3个月中共击沉9艘运输船,总吨位达5万吨;"格奈森诺"号战列巡洋舰和"沙恩霍斯特"号战列巡洋舰杀入大西洋,开始代号为"四轮车"的海上破袭战役,在波涛汹涌的大洋上连续作战两个多月,共击沉英国22艘运输船,总吨位达11万余吨。

如此辉煌的战绩,让德国人忘乎所以,忙着启用更厉害的"海上杀手"。

1941年5月4日,希特勒和私人随从乘专车前往波罗的海的"戈坦哈芬"船舶修造厂,亲自视察了雷德尔监造的大型主力舰"俾斯麦"号战列舰和"提尔皮茨"号战列舰。

戈坦哈芬是西欧最破败丑陋的城市之一,它是一个由无边无际的郊区和无精打采的贫民窟组成的集合体,显得十分寒酸。但是,戈坦哈芬港处在英国轰炸机的作战半径之外,因此受到了德国人的格外青睐。

在这家船厂,德国的新型战舰"俾斯麦"号战列舰已经跃跃欲试,准备引火起锚,对大西洋进行首次出征,"提尔皮茨"号战列舰尚在赶工中。希特勒到来时,雷德尔没有来——他想让舰队司令单独会见元首。海军部的计划是把"欧根亲王"号重巡洋舰从波罗的海转移到大西洋沿岸,与"俾斯麦"号战列舰共同作战。

一艘海军舰艇把希特勒驳运到这艘战列舰上——该船的装甲和

1941年5月5日,希特勒在吕特晏斯陪同下视察"俾斯麦"号战列舰

机械是令人惊异的奇观。全体船员列队欢迎希特勒视察，舰队司令领他在舰上各处参观。希特勒的内科医生肥胖的莫勒尔走到381毫米主炮炮塔的小窄门时，一下被卡住了，引起了一阵嬉笑。"俾斯麦"号战列舰上装有8500米长的电路，所有舰炮均由火控雷达控制，侧舷装甲厚度达到330毫米，被誉为"永不沉没的战舰"。那位脸型消瘦的舰队司令吕特晏斯在舰队司令办公室里对希特勒特别指出了这一点。

希特勒很满意海军的战绩。在那年前3个月中，"格奈森诺"号战列巡洋舰与"沙恩霍斯特"号战列巡洋舰在大西洋上共击沉英国22艘运输船。听了吕特晏斯的战果报告，希特勒神情复杂，眼睛炯炯发亮。他似乎在想象着那浩瀚无际、波涛汹涌的海洋中，两艘挂着由黑、红、黄3个平行线组成的德国军旗的军舰，冒着震雷炮声、冲天水柱与英国皇家海军在残酷厮杀。

待吕特晏斯报告完毕，希特勒高兴地点了点头，表示了对吕特晏斯功绩的肯定。但不一会儿，他又恢复到平时冷峻傲慢的表情。"上将，你的确干得很出色。但这还远远不够，我们必须再次派出大型水面舰艇突入大西洋，给英国捉襟见肘的海上运输再插上一刀！"希特勒一边兴奋地用糅进了他癫狂禀性的声音低吼着，一边站起来挥舞手臂，比画着刺匕首的姿势。

"尊敬的元首，我并非对您和雷德尔司令的战略方针没有任何质疑。我认为等'格奈森诺'号战列巡洋舰和'沙恩霍斯特'号战列巡洋舰稍微休整后，让4舰会合，再进行'莱茵演习'的作战，会更为稳妥。"吕特晏斯是一名参加过日德兰海战的老将，说话从来都是直言不讳。

所谓"莱茵演习"，是德国海军部策划的新一轮海上游击战：重点是增派"俾斯麦"号战列舰和"欧根亲王"号重巡洋舰前往北大西洋袭击盟国的护航运输队，与"格奈森诺"号战列巡洋舰和"沙恩霍斯特"号战列巡洋舰一起，以4艘重量级的战舰袭扰英国

"沙恩霍斯特"号战列巡洋舰

皇家海军本土舰队。

对德国海军打了就跑的战术，英国皇家海军似乎一时还无良策。希特勒细细想过，"俾斯麦"号战列舰和"欧根亲王"号重巡洋舰比"格奈森诺"号战列巡洋舰和"沙恩霍斯特"号战列巡洋舰的战力高强，让它们出战，无疑能给英军以致命打击。

"俾斯麦"号战列舰是一艘超级战列舰，它长224米，宽36米，排水量41700吨。两舷中甲板下的装甲厚330毫米，主甲板装甲的厚度分别为101毫米和51毫米。它装有8门381毫米主炮，12门

"欧根亲王"号重巡洋舰

150毫米副炮，16门105毫米高炮和40门机关炮。此外，还装有6只533毫米鱼雷发射管，4架水上飞机和2部弹射器。最高航速29节，舰员编制2000人。

和"俾斯麦"号战列舰同行的"欧根亲王"号重巡洋舰，排水量为10000吨，装有8门203毫米主炮，12门103毫米副炮，12具533毫米鱼雷发射管，4架水上飞机和1部弹射器，最大航速32节。

在制订"莱茵演习"方案时，德国海军元帅雷德尔没有打算动用"欧根亲王"号重巡洋舰，只是因"沙恩霍斯特"号战列巡洋舰的主机发生了故障，"格奈森诺"号战列巡洋舰又挨了几枚英国飞机投下的穿甲弹，都需要休整，才让它仓促上阵。

增派两舰挺进北大西洋，这是一个好时机。此刻，德军攻占南斯拉夫，继续向南推进；德国机械化部队长驱直入，进逼希腊，英军残部翻过群山，逃向了大海；地中海南岸，沙漠之狐隆美尔的非洲兵团兵分4路压向英军的防线。英国皇家海军疲于奔命，已将把守北大门的部分舰只调去增援地中海。

希特勒虽然是个偏执狂，但有时候又很爱听不同的意见。他死死盯着桌子上的一张欧洲地图，片刻后做了个手势，示意吕特晏斯继续说下去。

"'莱茵演习'的要点是用两支强大的德国舰队夹击北大西洋盟军海运线。'俾斯麦'号战列舰和'欧根亲王'号重巡洋舰在北方，

'沙恩霍斯特'号战列巡洋舰和'格奈森诺'号战列巡洋舰在南方，没有哪支单独的英国舰队敢和他们对抗。'莱茵演习'成功之时，就是英国生命线——北大西洋航线被切断之日……"吕特晏斯话到一半便卡住了，因为他发现希特勒的眼睛慢慢发生了变化——他凶悍的目光变得灰暗朦胧。

"我已经不能再等下去了！我不能在英国这个敌人上耗费太多

希特勒

的时间，必须尽快打垮它，否则被拖垮的就是我们！还有更多的土地等待着我们的军队去征服。"希特勒猛地站起，森寒的目光咄咄逼人。

吕特晏斯无奈地听着希特勒的训斥，心中不免默默叹息。他很清楚希特勒的底细：希特勒对海洋、舰队和海战一无所知。同英国皇家海军对抗，德国海军在鼎盛时期都无力为之，那么多在海洋上餐风饮浪几十年的老水兵都失败了，难道一个连旗语和炮术常识都不懂的外行政客能指挥一支已处于劣势的舰队消灭英国皇家海军吗？

"如果元首执意要使用此种作战方案，我仍会毫不犹豫地接受祖国交给我的使命。"吕特晏斯见劝说无效，只得放弃。

"我相信你出色的海战才能，相信这艘德国海军的骄傲的战列舰，也相信你一定能够光荣的完成祖国交给你的使命。"

1941年5月18日晚，德国波罗的海沿岸港口格丁尼亚。借助航标灯暗淡的灯光，人们看到，两艘庞大的黑色舰影正悄悄驶向远海。航行在前面的是服役不久的"俾斯麦"号战列舰，后面伴随的是"欧根亲王"号重巡洋舰。

吕特晏斯站立在"俾斯麦"号战列舰的指挥台前，注视着前方，嘴角不时流露出一丝别人不易觉察的苦笑。他在海上征战几十年，经历过第一次世界大战时的日德兰大海战，可以说是经验丰富、沉着稳重。但今晚这次出航，他全身却流过一丝不祥的寒气。

他预感此行凶险难测，出发前便对友人说："我已经4次指挥舰队出生入死，或迟或早总要归天，我仅仅是尽到水兵的职责罢了。"

作为一个精通海战的舰长，吕特晏斯很明白自己的处境：唯效命而已。出航前，当希特勒专门赶到格丁尼亚，接见吕特晏斯和全舰2000名官兵时，吕特晏斯目光追随着希特勒那上下不停挥动的手势，很清楚自己肩上所负的重任。自去年法国败降以来，英国处境危急——它赖以生存的大西洋海上运输线极为脆弱。被德国击沉的英国商船无数，每月以50万吨左右的速度直线上升。这样的岛国一旦失去外部的供给，等待它的唯有毁灭！"你的任务，"希特勒说，"就是进入大西洋，把丘吉尔脖子上的绳索再勒紧一些，明白吗？"希特勒边说，边用两手做了一个勒脖子的动作。吕特晏斯只能点头。

此次出征，本应该有4艘战舰，可"沙恩霍斯特"号战列巡洋舰在破袭战中的损伤还没有修复，"格奈森诺"号战列巡洋舰被英国轰炸机炸伤，"4舰联手"的计划无法实现。雷德尔只好调整计划，仅投入"俾斯麦"号战列舰和"欧根亲王"号重巡洋舰，两舰先驶往挪威的卑尔根，再利用大雾掩护从冰岛以北杀入大西洋。

好在这两艘战舰实力不弱，尤其是"俾斯麦"号战列舰，由于拥有同期战列舰中最大的防护尺度，而且它的主炮射速达到了每分钟3发，这在同期战列舰中也是最高水准，被誉为"不沉的海上堡垒"。此次出海作战是它的处子之战。

第一章 初战扬威

"俾斯麦"号战列舰

离格丁尼亚港越来越远了,"俾斯麦"号战列舰渐渐隐没在黑暗里,吕特晏斯的心情也随之沉重。他知道,英国是一个以海军立国的海洋大国,不能轻视它的海军实力。希特勒慷慨激昂的训示里,似乎隐藏着某种担忧,尽管他没有明说,但吕特晏斯还是能觉察到。况且,北海已被英国人封锁,要进入大西洋,出波罗的海海峡后必须沿挪威海岸北去,经过北极圈内的挪威海,然后再转头南

百年海战大观 "威尔士亲王"号覆没记

下冰岛和格陵兰岛之间的丹麦海峡。

"俾斯麦"号战列舰预定的航线也正是这样一个环绕北大西洋的大弧形。眼下最重要的是，到达目的地之前，不能让英国人觉察。为此，德国海军部严格封锁了消息，除雷德尔和有关的几个人外，其他人对这次出航一无所知。如果让英国情报部门得到消息……吕特晏斯不觉打了个寒颤，他正了正帽檐，转身对旁边的副官说："告诉后舰，严格灯火管制！"

★ 吕特晏斯

吕特晏斯是一个颇具传奇色彩的将军。他于1889年5月25日生于德国小城威斯巴登。他18岁时加入德国海军，1917年升任海军少校，曾指挥一艘驱逐舰多次在英吉利海峡执行作战任务，参加过日德兰大海战。1940年，他升任舰队副司令。在德军入侵挪威的战役中，吕特晏斯首次展示了他出色的战役指挥才能。他指挥"沙恩霍斯特"号战列巡洋舰和"格奈森诺"号战列巡洋舰担任吸引英国舰队，掩护登陆部队的任务——这是整个战

吕特晏斯

英国"光荣"号航空母舰

役中最危险最重要的任务。在战斗中,吕特晏斯可谓出师不利,刚到挪威就碰到英国"声望"号战列巡洋舰,"格奈森诺"号战列巡洋舰首先中弹。当时硬拼,完全可以取胜,但吕特晏斯反而下令迅速向北撤退。这是一招妙招,如果他决定和"声望"号战列巡洋舰硬碰硬,纵然击沉敌舰,英国皇家海军本土舰队也会牢牢把他咬住。以德国海军的实力,不能和英国人一味死拼,只有保存自己,才能消灭敌人。所以,他决定充分利用自己战舰32节的高航速,甩掉敌人,同时诱使敌人远离了登陆区。

在完成掩护登陆任务后,吕特晏斯于6月再次指挥两舰和"希佩尔"号重巡洋舰前往挪威支援陆军。在这次出击中,吕特晏斯得到了一项荣誉——世界上第一次、也是唯一一次用舰炮击沉航空母舰，英国"光荣"号航空母舰和随行的两艘驱逐舰被他击沉了。

吕特晏斯充分发挥自身优势，决不与敌人恋战，打完就走，声东击西，最大限度的扰乱大西洋航线。这种类似捉迷藏的指挥艺术充分体现了吕特晏斯的才能。

希特勒让他指挥"俾斯麦"号战列舰和"欧根亲王"号重巡洋舰出击，切断英国的大西洋交通线时，他曾建议等"沙恩霍斯特"号战列巡洋舰和"格奈森诺"号战列巡洋舰修复完成，"提尔皮茨"号战列舰下水后，4舰共同出战。如果那样，英国海军必须把所有战列舰集中使用才有取胜的可能。这个计划真的实施了，大西洋战场谁主沉浮就未可知了。但由于希特勒坚持认为战局时不我待，迫使吕特晏斯不得不执行命令。所以在临行前，他对一位同僚说道："恐怕我将会搭上老命。"

2. "威尔士亲王"号战列舰严阵以待

1941年5月21日下午，英国皇家空军飞行员米切尔塞克林驾驶着"喷火"式战斗机在挪威卑尔根附近执行搜索任务时，发现了驶入港湾的"俾斯麦"号战列舰，并且拍摄下清晰的航空照片。

英国皇家海军深知如果这艘军舰突入大西洋，将给大西洋的海上运输带来巨大灾难，因此决定不惜一切代价，务必击沉这艘德军战舰。

5月22日的天气很恶劣，海面弥漫着雨雾。英国海军侦察机冒着德军密集的防空火力，再次光临卑尔根，经验丰富的老牌观察员罗瑟拉姆透过浓重的雾色，惊讶地发现港湾里空空荡荡，"俾斯麦"号战列舰不见了！

英国空军"喷火"式战斗机中队

得到这个情报后，英国皇家空军的轰炸机部队受命立刻对卑尔根锚地进行轰炸！但是，随后的航空侦察却发现，卑尔根附近海湾锚地已经空无一物。

"俾斯麦"号战列舰驶向何方了？英国人很快识破了德国人的作战计划——德国人的目的就是破坏北大西洋海上交通线。英国人的目光死死地盯住了丹麦海峡，"俾斯麦"号战列舰必然会通过这里南下大西洋。

英伦三岛的远距离雷达电波一遍又一遍地扫描着波罗的海峡的出口，那是波罗的海通往大西洋的必经水道。雷达手一眼不眨地盯着荧光屏上每一个反射信号："俾斯麦"号战列舰究竟在哪里？

英国情报局可谓神通广大、无孔不入。早在"俾斯麦"号战列舰出航前，遍布德占区的谍报人员就把情报发到了伦敦。消息震动了英国海军部。

大西洋上那些神出鬼没的德国潜艇已经使他们焦头烂额。英国的造船速度尚不足以弥补每月的海上损失，如果"俾斯麦"号战列舰再出现在大西洋，英国的海上生命线无疑将面临被切断的危险。

英国皇家海军本土舰队司令托维正在斯卡帕港口的临时司令部内，他听到副官念了几句电报后，脸色顿时变作青灰，立马让各舰舰长们赶到会议室开会。

作为英国皇家海军本土舰队新任司令，托维的压力陡增。他判断：如果德国军舰躲进挪威峡湾，虎视北大西洋的护航运输队，他就得抽出重兵，时刻监视其动向；如果德国军舰想突破封锁，闯向北大西洋，他就必须倾其全力，围歼强敌。

在他办公室的一幅大海图上，已绘出了盟军11支护航运输队的航线。其中1支护航运输队负责运载2万名英军前往地中海。护航运输队由"反击"号战列巡洋舰、"胜利"号航空母舰和7艘驱逐舰护航，正行驶在爱尔兰海岸的克莱德湾。从地中海战场的情况看，托维判断"俾斯麦"号战列舰是想打击这支运输队。为此，他决定派英国皇家海军最为珍视的"胡德"号战列巡洋舰和"威尔士亲王"号战列舰前往支援。

托维

"胡德"号战列巡洋舰满载排水量42100吨，航速31节，装有8门381毫米主炮，可与"俾斯麦"号战列舰抗衡；"威尔士亲王"号战列舰刚刚服役，它排水量38000吨，航速30节，装有10门356毫米主炮。和两舰一道出击的，还有几艘驱逐舰。

英国首相丘吉尔认为，要打败"俾斯麦"号战列舰，非得动用

"威尔士亲王"号战列舰不可。他在回忆录中曾提到：我们竭尽一切努力，设法在1940年内建成"英王乔治五世"号战列舰和"威尔士亲王"号战列舰，如果可能的话，并使它们在秋季完成。这是很必要的，因为如果在这两艘战舰尚未完成以前，"俾斯麦"号战列舰忽然出现在海洋上，必将造成极大的不幸后果，我们既不能把它捕获，又不能把它摧毁，它必将在海洋上通行无阻，并破坏所有的航运。

丘吉尔

希特勒相信"俾斯麦"号战列舰能横扫大西洋,丘吉尔认为"威尔士亲王"号战列舰能斩杀"俾斯麦"号战列舰,究竟谁更胜一筹呢?

丘吉尔强行让"威尔士亲王"号战列舰出海,英国皇家海军本土舰队司令托维自然不敢大意——既然德国舰队已经杀到门口,绝对不能让他们强行通过。为保险起见,托维还派"阿里休斯"号轻巡洋舰、"伯明翰"号轻巡洋舰和"曼彻斯特"号轻巡洋舰前去搜索法罗群岛和冰岛之间的水域;让"胜利"号航空母舰和"反击"号战列巡洋舰脱离护航运输队,赶到斯卡帕湾和主力部队会合,以随时策应两支先遣部队。

众人来到会议室后,这些皇家海军精英脸上都很严肃。托维简要地通报了当前的敌情:根据海军侦察机带来的确切情报,德军的"俾斯麦"号战列舰与"欧根亲王"号重巡洋舰已经出航,直奔我们而来,目的是借路,肯定会从丹麦海峡南下大西洋,袭击盟国的运输舰队。目前,我们本土舰队能够立即出动拦截敌军的大型战舰,只有"胡德"号战列巡洋舰和"威尔士亲王"号战列舰。时间紧迫,我们必须先得拖住德国人,然后马上通知其他战舰,火速前来围歼来犯之敌。

这次作战会议决定由霍兰临危受命,率领"胡德"号战列巡洋舰和"威尔士亲王"号战列舰先行出动,进入冰岛南方的战位。托维召回其余在近海游弋的战舰随后行动。

霍兰于当日中午出发，赶往冰岛南部截击"俾斯麦"号战列舰和"欧根亲王"号重巡洋舰。

托维接着抓紧时间召集英国皇家海军本土舰队的其余战舰，组成了庞大的特混舰队。全舰队计有"胜利"号航空母舰，"英王乔治五世"号战列舰，"阿罗拉"号轻巡洋舰、"加拉第"号轻巡洋舰、"荷密欧那"号轻巡洋舰、"肯尼亚"号轻巡洋舰、"海王星"号轻巡洋舰和其他6艘驱逐舰。

托维在"英王乔治五世"号战列舰上升起了他的司令旗，率领英国皇家海军本土舰队于5月22日午夜前夕出动。出航后，托维仍然不断召集舰只参加围剿"俾斯麦"号战列舰的战斗。此后，

"英王乔治五世"号战列舰

"罗德尼"号战列舰、"拉米伊"号战列巡洋舰、"复仇"号战列巡洋舰、"反击"号战列巡洋舰以及其他许多巡洋舰、驱逐舰相继赶往战区。

为了绞杀"俾斯麦"号战列舰,由"皇家方舟"号航空母舰和"声望"号战列巡洋舰等组成的 H 舰队也从遥远的直布罗陀向北大西洋集中。

5 月 23 日清晨,"俾斯麦"号战列舰已驶入丹麦海峡。这是北极圈里的航道,有不少流冰,加上英军在冰岛一侧还布有水雷,原来 160 多海里宽的航道只有 40 多海里还能航行,吕特晏斯双眼紧盯着海上的浮冰。按行动计划,在突入丹麦海峡之前,两舰应由油船加油。但是,海面尽管大雾蒙蒙,英国飞机的活动却十分频繁。这表明,英国人已经有所觉察,他的对手托维肯定在调兵遣将;他唯有抢时间,做到出其不意,才能突破封锁。吕特晏斯决定兼程赶路,把补给燃油的事留待以后再说。

整个海空黑沉沉的,吕特晏斯小心翼翼地指挥军舰向前行进。当进入到英国巡洋舰的巡逻水域时,厚实的夜幕渐渐散开,天空中露出了怪异的微光。他不敢怠慢,赶忙通知"俾斯麦"号战列舰舰长林德曼和"欧根亲王"号重巡洋舰舰长布林克曼做好战斗准备。两舰顿时警报大作,酣睡的水兵抓起救生衣直奔战位。"俾斯麦"号战列舰关闭了所有水密门,大炮转动,重达 800 公斤的穿甲弹被推进了炮膛。医生和担架兵跑进医院,准备接收伤员。上层建筑顶部，测距兵像猎手似的，试图一眼就捕捉到目标。

上帝保佑，整整一天似乎并没有发生什么事。

18点11分时，德国舰队发现敌舰。

18点22分，敌舰被证明是冰山，警报解除。（此时能见度在4000~5000米左右）

19点，能见度转好，视野开阔，德国舰队左舷远方有雾。

19点22分，"俾斯麦"号战列舰上突然再次警报大作，吕特晏斯正在舰长室中看着桌子上的军事海图，副官里瑟急匆匆进门报告：

"俾斯麦"号战列舰上的巨炮

舰船雷达发现，在左后方20°，45海里外，有不明舰只在跟踪我们。

吕特晏斯眼睛死死地定在了海图一处，冷冷地安慰道："英国人在那片海域布了多少水雷，恐怕连英国皇家海军自己也不知道吧！他们不会将珍贵的重巡洋舰派去那里的，最多只会是艘驱逐舰而已，不会对我们造成什么威胁。"

虽然貌似不担心，但吕特晏斯心里还是打起了小鼓：估计敌舰已经发现了德国舰队，如果英国人疯狂杀来，原计划就有可能无法顺利进行了。是否该马上致电元首，请求派空军消灭掉它？但德国空军向来跟海军不和，况且发电报会有暴露位置的危险！只能冒险赌一赌，迅速甩掉对方，穿过这片海峡，驶入浩瀚的大西洋，那时英国人就没办法了。

跟踪"俾斯麦"号战列舰的是英国的"萨福克"号重巡洋舰。"萨福克"号重巡洋舰的雷达发现目标后，它一面紧紧尾随，一面向托维报告。

托维得知消息后，立即从"英王乔治五世"号战列舰上把消息转发给霍兰。他命令道："胡德"号战列巡洋舰与"威尔士亲王"号战列舰迅速驶向丹麦海峡的出口，根据"萨福克"号重巡洋舰的导航定位堵截"俾斯麦"号战列舰。

20点30分，英军在丹麦海峡的另一艘"诺福克"号巡洋舰也闻讯赶到，与"萨福克"号重巡洋舰号一起在茫茫黑夜中死死咬住"俾斯麦"号战列舰不放。"萨福克"号重巡洋舰和"诺福克"号巡洋舰同属于巡洋舰,武器装备和排水量显然都不如德国的"俾斯麦"号战列舰,英国人只是悄悄地跟在后面监视,不敢主动出击挑战。"俾斯麦"号战列舰始终无法摆脱若即若离的两艘英国军舰,吕特晏斯终于被激怒了,他命令"俾斯麦"号战列舰和"欧根亲王"号重巡洋舰两舰回头,干掉尾随的英国军舰。英国军舰自知不是对手,释放烟幕主动后撤到"俾斯麦"号战列舰的火炮射程之外。

赶走追兵之后,吕特晏斯命令迅速调头,以接近极限的30节航速疾进,想以速度优势冲出丹麦海峡,甩掉英国军舰。

可是,此刻霍兰已经带着"胡德"号战列巡洋舰和"威尔士亲

"萨福克"号重巡洋舰

"诺福克"号重巡洋舰

王"号战列舰赶到峡口。夜海风雨交加,雪雹相间,英国人冷冷地等待着"俾斯麦"号战列舰的到来。

24日凌晨2点47分,"萨福克"号重巡洋舰和"诺福克"号巡洋舰又追了上来,雷达重新标定了"俾斯麦"号战列舰的位置,并不断将它的位置航向报告给其他英国军舰。此时"俾斯麦"号战列舰航向220°,英军霍兰率领的编队航向240°,几乎是并列航行,而且距离只有27海里,一场恶战迫在眉睫!

清冷的黎明来到了银装素裹的北极海,披着白色霜衣的"俾斯麦"号战列舰即将冲出丹麦海峡,无边无际的大西洋即将展现在德国水兵们面前,吕特晏斯长舒了一口气。

但"俾斯麦"号战列舰好像高兴得早了点,殊不知一场残酷的恶战即将到来。

这是一个阴冷的早晨,5点50分,英德作战双方几乎同时发现目标。此刻,海上风平浪静,能见度良好。

吕特晏斯从望远镜中看到左前方20海里,在蔚蓝海洋边缘一片灰蒙蒙烟雾下,4艘舰桅上挂着蓝色米字旗的英国军舰正高速迎面扑来——居然有"威尔士亲王"号战列舰!吕特晏斯不禁一身冷汗。他万万没有想到,德国的最强战舰第一次战斗便遇上了英国的最强战舰——看来这将是一场势均力敌的生死之战。

★ "威尔士亲王"号战列舰

"威尔士亲王"号战列舰是"国王"级别战列舰的2号舰,"国王"级战列舰是第二次世界大战期间英国最先进的战列舰,也是第二次世界大战中英国皇家海军的主力舰之一。

为与英国皇家海军在第一次世界大战中同名同级别战列舰加以区别(即"英王乔治五世"级战列舰),它也被称为"新英王乔治五世级"。该级别是按照伦敦海军公约(限制标准排水量35000吨,主炮口径356毫米)而设计的,始建于1937年初。这一级别共有5艘,包括"英王乔治五世"号战列舰、"威尔士亲王"号战列舰、"约克公爵"号战列舰、"安森"号战列舰和"豪"号战列舰。

"威尔士亲王"号战列舰在1937年1月2日开工建造,1939年

5月3日下水，1941年3月31日完工。事实上，"威尔士亲王"号战列舰还没有正式服役，舰上官兵还在训练中，就连火炮瞄准装置都没有调试完毕。风闻德国"俾斯麦"号战列舰已经出海，"威尔士亲王"号战列舰随即正式宣布"加入皇家海军服役"，并立刻投入了前往拦截"俾斯麦"号战列舰的战斗任务。

航拍的"威尔士亲王"号战列舰

3. 悲情的"胡德"号战列巡洋舰

霍兰的舰队也发现了"俾斯麦"号战列舰，英国军舰上警报大作，甲板上到处都是奔跑的人流。

"赶快发电给托维上将，说我们已经发现'俾斯麦'号战列舰，它就在我们正前方 54 海里，请示下一步如何行动？"霍兰在舰船通讯室里向发报员命令道。

而德国战舰从昨日起就一直处于战备状态，因此随时可以投入战斗。吕特晏斯经过再三考虑，决定以大局为重，毕竟此次出航的目的只是切断英国人的海上运输线，便下令："通知后舰，向右转向20°，我们要避免战斗。"

几乎就在同时，英国军舰收到托维简短的回电："咬住猎物，等待我们到来。如果情况允许——干掉它！"

霍兰回到指挥室，心情忐忑，以目前他所能指挥的两艘战列舰和两艘驱逐舰，实在没有把握能在不受任何损失的情况下干掉"俾斯麦"号战列舰和"欧根亲王"号重巡洋舰。

见德国战舰想逃，霍兰又有了信心，下令：直指德国军舰，开炮！

吕特晏斯见对方扑过来，向副官道："告诉'欧根亲王'号重巡洋舰,迅速摆脱英国人的纠缠,行驶到我舰前方去!"这看起来毫无实际意义的命令,却暗藏玄机——即迷惑敌人,让敌人无法分辨出真正的主舰"俾斯麦"号战列舰。

霍兰一心想灭了"俾斯麦"号战列舰。他指挥着"胡德"号战列巡洋舰赶上德国舰队,立刻下令攻击前面的那艘德国军舰。

几秒后,在"欧根亲王"号重巡洋舰左舷30米处升腾起两股巨大的水柱,水珠如绵雨般洒落在甲板上。

"英国人开始攻击了!"德国水兵惊恐的尖叫如同被吓破了胆。

吕特晏斯镇定自若,下令转为200°航向,对英国军舰形成炮战最为有利的"T"字阵形!这样一来,英国军舰只能用前主炮开火,而德国战舰却能用全部主炮射击。

由于霍兰根据常规认为领头的一定是"俾斯麦"号战列舰,所以将射击目标错误地指向了"欧根亲王"号重巡洋舰!随后的"威尔士亲王"号战列舰也将炮口指向"欧根亲王"号重巡洋舰。

"威尔士亲王"号战列舰舰长利奇直到两次齐射后才发现轰错了目标,急忙掉转炮口,并想办法通知"胡德"号战列巡洋舰。

吕特晏斯怎么可能会放过这么好的机会?"俾斯麦"号战列舰的主炮突然齐射!火炮轰击的巨大咆哮,10000米外都能听得见。从4门炮管里冲出几百摄氏度的黑红浓烟,将整个船体侧面都掩盖住了。这些浓烟不断扩散,却没有一点消散的迹象,到最后甚至超过了舰船本身的体积。

经典 百年海战大观 "威尔士亲王"号覆没记

　　一声惊天巨响！"胡德"号战列巡洋舰主炮顿时断裂成无数橘红色的碎片，船体剧烈颠簸，舱内舱外的海员士兵们纷纷倒地，物品碎裂声不绝于耳。在霍兰脚跟还未站稳的时候，从"欧根亲王"号重巡洋舰飞来的炮弹又落在了"胡德"号战列巡洋舰的中部甲板上。

　　"胡德"号战列巡洋舰前甲板燃起了熊熊大火，浓烟吞噬了巨大的舰身。霍兰立即组织消防人员灭火，同时下令舰船左转20°，以便发挥全部主炮威力。

"俾斯麦"号炮击"胡德"号

"胡德"号战列巡洋舰被"欧根亲王"号重巡洋舰炮击引起的火光,为德军的炮击提供了很好的瞄准点。英国军舰刚开始转向,"俾斯麦"号战列舰的重磅炮弹连续呼啸着飞了过来。

"俾斯麦"号战列舰不愧是德国海军的骄傲,它不给"胡德"号战列巡洋舰任何喘息的机会。在第二次齐射中便有两枚381毫米炮弹穿透了"胡德"号战列巡洋舰中部的甲板装甲,落入了101毫米高射炮的弹药舱,引爆了里面的弹药,高射炮弹的爆炸引爆了船尾381毫米主炮的弹药舱,300吨炮弹顿时发生了连锁爆炸。

剧烈的爆炸将"胡德"号战列巡洋舰中部彻底炸开,甚至连沉重的主炮塔都被爆炸冲击波抛上了天,海水从破口汹涌而入,舰体顷刻间断为两半,迅速下沉。爆炸的硝烟还未散尽,"胡德"号战列巡洋舰在不到3分钟里就沉入了大海!全舰1418人,只有3人获救,死难者中包括霍兰和舰长科尔。

"威尔士亲王"号战列舰舰长利奇目睹了"胡德"号战列巡洋舰悲惨的下场。他还没回过神来,"俾斯麦"号战列舰和"欧根亲王"号重巡洋舰便嘶吼着将弹雨全部倾泻过来。此时,双方距离仅16000米,德国战舰的射击更加凶猛精准。而"威尔士亲王"号战列舰则因刚下水不久,还有一些设备没有完成调试检修,甚至舰上还带着维修工程师和工人,现在一座四联装主炮又被弹链堵塞,无法开火,火力大减!它根本不是德国战舰的对手。不断有炮弹在舷

经典 百年海战大观 "威尔士亲王"号覆没记

侧装甲上撞个大窟窿或在甲板装甲上凿个洞,连中七弹。一时间"威尔士亲王"号战列舰上烈焰腾飞,被强劲的海风一吹,火势越发嚣张。

万幸的是只有三弹爆炸,其中击中舰桥的一发381毫米炮弹,致使舰桥上除了舰长利奇和一名信号兵外其余人员非死即伤。不过,"威尔士亲王"号战列舰战斗力并未受到大的影响。

"坚守岗位!继续射击!"利奇近乎歇斯底里地吼叫着,他的眼睛充满了血红。霍兰生前和他是最诚挚的亲密战友,如今霍兰凶多

"胡德"号中弹爆炸瞬间

· 032 ·

吉少，能不叫他愤怒吗？

大难不死的利奇继续指挥战斗，第6次齐射终于有两发356毫米炮弹命中"俾斯麦"号战列舰：一发击中二号锅炉舱，一发击穿舰首燃料舱——这发炮弹造成了该舱1000吨燃料的外流，这不仅使燃料本已紧张的"俾斯麦"号战列舰雪上加霜，更重要的是外流燃料在海面上形成了明显的油迹，为英国军舰以后的追踪创造了条件。

英国军舰是否继续与"俾斯麦"号战列舰缠斗下去，牵制住敌人，以待总司令托维率同"英王乔治五世"号战列舰和"胜利"号航空母舰到来，决定因素就是"威尔士亲王"号战列舰。但是，这艘战舰最近才服役，已经遭受重创，舰上10门356毫米口径大炮，其中2门已不能使用。在这种情况下，它是不是"俾斯麦"号战列舰的对手大有疑问。利奇见己舰火力明显不及对手，又多处中弹进水，便见好就收，于6点05分下令施放烟雾，全速撤出了战斗。

在与"俾斯麦"号战列舰和"欧根亲王"号重巡洋舰的战斗中，"威尔士亲王"号战列舰中弹7发，其中4弹为"俾斯麦"号战列舰的381毫米炮弹，剩下的3弹为"欧根亲王"号重巡洋舰的203毫米炮弹。从前到后7弹的命中部位和造成的伤害如下：

第一发"俾斯麦"号战列舰发射的381毫米炮弹命中了水上飞机起重机。该弹由40°~50°角射来，命中右舷水上飞机起重机后，在接近后烟囱后下部的空中爆炸。爆炸使炸点下的甲板被炸开了一个 0.91 米 ×1.52 米的大洞，弹片飞溅在甲板上，又撕开了许许多多大小不等的洞，这发炮弹是击毁了该舰的右舷水上飞机起重机，在甲板上开了不少洞窟。

第二发"俾斯麦"号战列舰发射的 381 毫米炮弹直接命中罗盘室。该弹从右舷命中罗盘室，然后穿过整个罗盘室，还没有爆炸就从左舷飞了出去。这发炮弹对军舰本身的伤害就是开了两个洞，可是杀死了基本全部"威尔士亲王"号战列舰的舰桥人员（该舰整个舰桥只有指挥室有装甲，其他的舱室都没有装甲），飞散的舰桥破片还飞入 284 雷达的操控室，使里面的操作员死伤。

航行中的"威尔士亲王"号战列舰

第三发"俾斯麦"号战列舰发射的 381 毫米炮弹命中 271 雷达天线的正下方。这发炮弹等于没命中，一点效果都没有，直接飞进了大海。

第四发"俾斯麦"号战列舰发射的 381 毫米炮弹命中了"威尔士亲王"号战列舰的舰体最下方。这发炮弹在离该舰 9 米的地方入水，然后击中舰体的最下部，击穿了油舱和防雷隔舱，最后被 48 毫米防雷装甲挡住。该发炮弹也未发生爆炸。这发炮弹使"威尔士亲王"号战列舰泄漏了少量的燃油和锅炉用水。

第五发"欧根亲王"号重巡洋舰发射的 203 毫米炮弹，命中了"威尔士亲王"号战列舰的舰体甲板。该发炮弹从右舷射入，从后烟囱后的救生艇处进入舰体，穿过半个舰体被水平装甲反弹后，弹道转向向上又穿过半个舰体击中位于左舷的 133 毫米副炮底座，然后又反弹向下击中副炮下方的舱壁再向舰体内反弹，最后落入 133 毫米副炮的操作室。该发炮弹是最有可能重创"威尔士亲王"号战列舰的一发炮弹，可惜没有爆炸，不过真的炸了的话早在进入舰体时就炸了。该发炮弹在"威尔士亲王"号战列舰舰体内乱撞，造成的实际伤害并不大。

第六发"欧根亲王"号重巡洋舰发射的 203 毫米炮弹，命中了"威尔士亲王"号战列舰后方。这发炮弹以小角度入水后，擦着"威尔士亲王"号战列舰的主装甲带，命中无垂直装甲保护的舰体从而进入了舰体。可是，"威尔士亲王"号战列舰后部从后炮塔一

百年海战大观 "威尔士亲王"号覆没记

直到舵机，都有一层厚达1219毫米的水平装甲用以保护动力传动系统。这发炮弹未能击穿这层装甲而是直接在装甲上爆炸，破坏了相邻的几个舱室。

第七发"欧根亲王"号重巡洋舰发射的203毫米炮弹命中了"威尔士亲王"号战列舰船舵的正上方。该发炮弹也是水下命中弹，但由于水中行程较长丧失穿甲动能，在命中船舵正上方的舰体时直接爆炸，只在"威尔士亲王"号战列舰舰体上开了个6.2米×2.4米的大洞，飞入舰体的弹片被那层厚达1219毫米的防护装甲挡住，没能对舵机造成伤害。

德军命中的七发炮弹，没有一发能够考验"威尔士亲王"号战列舰装甲盒的防御性能，所以无法从事实上验证到底是"俾斯麦"号战列舰的381毫米炮利，还是"威尔士亲王"号战列舰的391装甲坚固。

虽然击沉了"胡德"号战列巡洋舰，赶走了对手"威尔士亲王"号战列舰，但是吕特晏斯仅仅是松了口气。他知道这场围猎只不过才刚刚开始，英国的皇家海军毕竟是350年来横扫各大洋的霸主，英国人绝不会容许自己海洋霸主的地位受到挑战，更为惨烈的战斗还在等着他。

关于"胡德"号战列巡洋舰的沉没，也很让世人不解，为什么舰队总指挥霍兰会随舰沉海——他是整个舰队的指挥，"人舰同沉"应该是舰长的责任，即便"胡德"号战列巡洋舰沉了，霍兰还必须指挥其他舰继续作战!

其实,总指挥霍兰应该没有机会逃生。当时"胡德"号战列巡洋舰沉没是突然降临的突发事件,它的大爆炸如此猛烈,整个主炮塔被抛到数十米高,舰上碎片甚至击中近1000米外的"威尔士亲王"号战列舰,"胡德"号战列巡洋舰当场被炸为两段,舰首直立

从"威尔士亲王"号拍摄到的"胡德"号(前)

下沉，两分多钟即彻底消失。这样猛烈的爆炸，足以让舰上人员受到重创甚至昏迷，即使没受伤也很难有足够体力和清醒的头脑跑出去。说是两分多钟，但军舰前半段已经直立起来了，怎么跑？只能攀登，两分钟太短了！何况仅仅逃上甲板跳水没用，得猛游出几十米才能摆脱军舰急速下沉时的可怕旋涡。

一名生还者布里格斯事后声称，最后见到霍兰是瘫在指挥座椅上，"没有逃生的意图"。但也有人对此说抱有怀疑。虽然他当时所处的位置离舰桥较近，但也只是较近而已。据生还者说，他没有听到"弃舰逃生"的命令，但他的直接指挥官同意他弃舰。于是，他跳水并一口气游出46米之远，即便如此还差点被军舰下沉的旋涡吞掉。也许霍兰也在大爆炸中受了伤，没有力气逃生了，而旁边的军官们也无力帮助他。

即使霍兰有机会逃生，他也不会立即这么做。因为军舰受创时，舰长首先需要听取受损部门的受损报告，了解清楚情况后组织损管部门全力抢救，只有抢救无效，确定军舰没救时，才会下达弃舰令，待确认官兵均脱险后最后撤离。但"胡德"号战列巡洋舰的爆炸沉没太突然了，这一切弃舰程序都没有来得及做。这意味着，舰长和高级军官们在尚未履行职责的情况下，是无论如何也不应该自行逃生的。霍兰是舰队司令（"胡德"号战列巡洋舰舰长是科尔），但他同样得服从这一作战条例上的规定。没有这点素质，英国海军也无法称霸海洋这么长时间。

"胡德"号前主炮及高大的指挥塔

所以，如果有机会从容弃舰，那么霍兰有可能在舰长下达弃舰令后选择离舰，他不是舰长，不用最后走，而且他没道理放弃指挥全舰队的责任而为下属的某一条军舰殉难，否则他能走也不会走。事实上，他恐怕是因伤、也因为来不及下弃舰命令而想走也走不了。

★ "威尔士亲王"号战列舰初战后的报告概要

英国人对"威尔士亲王"号战列舰做了详细的检测，得出改进建议：

1. 雷达室在主装甲防护体系外，容易受碎片损伤，必须加装装甲。

2. 高炮指挥仪是极易被碎片损伤的。

3. 木制品容易着火。

4. 必须保护好各种电缆以防止紧急情况时失控。

5. 动力区域划分不好，柴油发电机房，配电房等通风不良。

6. 各种灯具和轻部件不能防震。

7. 在以27～28节高速前进时，A炮塔进水严重，连炮口都进水，各转动部分也进水，给炮手带来极度的不便，各种机器也运转不良。

8. 设计功率为110000轴马力的主机，可以毫不困难地达到最高航速，但这时燃料泵不能有效地供应油料。

4. 最后的挣扎

当"胡德"号战列巡洋舰被击沉的消息传到英国海军部时，作战室里的气氛异常压抑。这里工作的高级军官和参谋大都曾在"胡

"胡德"号全体舰员的合影

德"号战列巡洋舰上服过役,对这艘战舰有着很深的感情。此时,他们抑制住心头的悲痛,只有一个念头,全力以赴制订围歼计划,为"胡德"号战列巡洋舰报仇!

大约在7点的时候,丘吉尔被叫醒,得知英国皇家海军最快的"胡德"号战列巡洋舰已被炸沉。丧失这艘主力舰是一件令人非常痛心的事情。但是,丘吉尔知道,英国皇家海军所有在场的舰只正

经典 百年海战大观 "威尔士亲王"号覆没记

"俾斯麦"号正面

在从四面八方向"俾斯麦"号战列舰逼近,因此丘吉尔确信他们不久以后一定会击沉它,除非它掉头向北驶回本国。

击沉"胡德"号战列巡洋舰的消息很快传到德国,希特勒得知初战告捷,首先向海军元帅雷德尔表示祝贺,接着说:"马上给吕特晏斯复电,嘉奖他和全舰官兵对我们伟大事业的忠诚。"

吕特晏斯却高兴不起来,因为"俾斯麦"号战列舰行踪暴露,英国人不会善罢甘休。派大型水面战舰进入大西洋的目的是袭击英国的商船,而不是与英国海军正面对阵,特别是英国舰队中还有航空母舰。

"俾斯麦"号战列舰上的水兵们还在亢奋之中,但很快就被全面警备的铃声打断——空中发现了敌机,机声嗡嗡,有如群蜂。英国"胜利"号航空母舰上飞来的9架"剑鱼"式鱼雷轰炸机直扑过来,一架接一架的模糊黑影低飞掠过海面。遥远的海面上,又驶过来两艘英国战舰。这正是之前一直尾随"俾斯麦"号战列舰的"萨福克"号重巡洋舰和"诺福克"号巡洋舰。

"俾斯麦"号战列舰匆忙应战,大小高炮猛烈开火。一时间,"俾斯麦"号战列舰上枪炮密集,呼喊嘈杂。英国飞机冒着密集的高射炮火英勇地逼近"俾斯麦"号战列舰,直到1000米距离上才投放鱼雷!由于是在夜间,加之天气恶劣,能见度又低,只有4架英国飞机投下了鱼雷,其中只有一枚鱼雷击中"俾斯麦"号战列舰的右舷艏,掀起一道比桅顶还高的水柱,使舰身从头到尾簸荡不

经典 百年海战大观 "威尔士亲王"号覆没记

"剑鱼"式鱼雷轰炸机

已。抢救人员发现鱼雷炸穿了一个舱区，全舱浸满了水。但对于盔坚甲厚的"俾斯麦"号战列舰而言，这点擦皮伤并无大碍。

吕特晏斯深知英军舰载机的攻击表明英国航空母舰就在不远，实力强大的英国皇家海军本土舰队肯定正从几个方向全速赶来，而"俾斯麦"号战列舰燃料匮乏，无法长时间高速航行，形势相当不利。唯一摆脱困境的方法就是甩掉尾随在后的两艘英国军舰，使英军失去目标。

吕特晏斯绞尽脑汁，想出了一条妙计。由于已经进入德军潜艇活动海域，跟踪的两艘英国军舰不得不进行Z字形反潜曲折航行。当两舰行至Z字航线的顶端时，正是雷达工作盲区，吕特晏斯要利用这一良机，演出一场金蝉脱壳的好戏。当然，这需要准确的时机把握和高超的操舰技术。

"俾斯麦"号战列舰的雷达紧紧盯住两舰，吕特晏斯凝神屏息密切注视着雷达屏幕上两舰的信号回波。5月25日凌晨3点，两舰行至航线顶端，"诺福克"号巡洋舰首先转向，屏幕上只剩下"萨福克"号重巡洋舰的回波。当"萨福克"号重巡洋舰刚开始转向，吕特晏斯立即抓住这一千载难逢的机会果断下令全速右转，在英国军舰雷达工作盲区范围以外，全速绕过两舰的尾部，折向东行。

一时间，两艘英国军舰雷达屏幕上一片空白！消息又一次震动了英国海军部，甚至比听到"胡德"号战列巡洋舰被击沉时引起的震动还要大。

搜索机和巡逻舰倾巢出动，注意力都集中到大西洋方向，一块海域一块海域地搜寻。航行于大西洋上的护航船队更是提心吊胆，唯恐撞上"俾斯麦"号战列舰这个死神。

"难道已进入了大西洋？"连托维也捏了一把冷汗。托维努力让自己镇定下来。他冷静分析后，得出的结论有3种：一是信号干扰，二是雷达操作失误，三是"俾斯麦"号战列舰舰突然转向。他认为第三种可能性是最大的。同时，鉴于"俾斯麦"号战列舰流失大量燃料的情况，极可能返回德国或与海上补给舰会合接受补给。

因此，他立即命令全力向北搜索，以尽快重新发现"俾斯麦"号战列舰！

这简直是大海捞针！何况英军的搜索方向还是错的。英军采取了可能的一切侦察措施和手段，还是一无所获。

8点，就在英军一筹莫展之机，吕特晏斯以为已经摆脱了英军的追击，可以松一口气，便取消无线电静默，开始向德国海军司令部报告了取消"莱茵演习"准备返回法国的计划。整个电报足足发了半个小时。

这是英军求之不得的一份厚礼！设在爱尔兰和直布罗陀的英军无线电测向站截获了这一电报。通过三角定位法准确测出了"俾斯麦"号战列舰的位置，并告知了英国海军司令部。

托维接到此消息后大喜，立即判断出"俾斯麦"号战列舰正企图驶往法国的布勒斯特。然而，此时由于英军舰队已在海上活动了4天，"胜利"号航空母舰和"反击"号战列巡洋舰已经因燃料耗尽返回港口，受伤的"威尔士亲王"号战列舰已向英格兰返航，很多驱逐舰燃料即将耗尽，也不得不返回基地，剩下的大型军舰将因缺乏驱逐舰掩护，大大增加了遭到潜艇攻击的危险。于是，英国海军部从护航运输船队和海岸巡逻队中抽调5艘驱逐舰，由维安指挥，前来支援。所有英国军舰都朝着"俾斯麦"号战列舰可能出现的方向疾驶。

吕特晏斯为什么要去法国呢？因为"俾斯麦"号战列舰在海战

"胜利"号航空母舰

中挨了2发356毫米穿甲弹,一发击中了2号锅炉舱,另一发钻进舰首,击穿了2号燃油舱。鉴于这种情况,吕特晏斯重新分析了形势:"俾斯麦"号战列舰已经让英国人深恶痛绝,暂时要躲起来养伤,即使躺在船坞里,也照样能牵制住大批英国军舰,对盟国的护航运输队构成严重威胁。

为此,吕特晏斯做出抉择:"俾斯麦"号战列舰放弃"莱茵演习"计划，单独前往比斯开湾养伤；让在邻近水域活动的7艘潜艇组成巡逻线，拦截追来的英国舰只；当抵近法国海岸后，再由空军提供掩护；而"欧根亲王"号重巡洋舰则继续驶向原定的目标区——亚速尔群岛。

当然，他的作战计划必须要向德国最高领袖希特勒汇报。为了表示忠心，他不得不发了一次长达半小时的电报。没想到这不仅让英国人破译了无线电密码，还让他们的无线电测向装置定了位。

吕特晏斯甩掉英国军舰"萨福克"号重巡洋舰和"诺福克"号巡洋舰后，"欧根亲王"号重巡洋舰在大雾掩护下继续向南进发，"俾斯麦"号战列舰一头驶入暴风海区，准备借助恶劣天气的掩护甩掉尾随的英国军舰，再在潜艇和岸基飞机掩护下返回法国。

傍晚，铅灰色云帐低垂，西北风咆哮着刮过格陵兰冰原，在洋面上卷起了滔滔白浪。"俾斯麦"号战列舰上空乌云压顶，瞬间大雨倾盆。这时，机电部门长报告说：战舰再高速南行，到圣纳泽尔恐怕燃油不够。吕特晏斯听后闷闷不乐，下令"俾斯麦"号战列舰改驶布勒斯特港，这样比到圣纳泽尔要近120海里。

就在"俾斯麦"号战列舰冒着狂风暴雨匆匆返航时，英军的大网正在逐渐收紧。英国"萨福克"号重巡洋舰利用雷达在"俾斯麦"号战列舰的射程外远远跟着它，不断地报告它的方位。丘吉尔和海军部从整个大西洋抽调了42艘战舰来包围"俾斯麦"号战列舰，其中有2艘航空母舰、5艘战列舰和3艘战列巡洋舰。

托维亲率"英王乔治五世"号战列舰、"胜利"号航空母舰、"反击"号战列巡洋舰以及4艘巡洋舰和10艘驱逐舰在后紧紧追赶。吕特晏斯的"俾斯麦"号战列舰东有"罗德尼"号战列舰,南有"拉米伊"号战列舰,西有"复仇"号战列舰,北有3艘重巡洋舰保护。此外,萨默维尔指挥的包括"皇家方舟"号航空母舰、"声望"号战列巡洋舰在内的H舰队也兼程北上参与合围。

由于"俾斯麦"号战列舰最高航速至少在30节以上,超过大多数英国军舰的航速。托维很清楚光靠这样穷追不舍,肯定会让"俾斯麦"号战列舰逃脱,要想追上"俾斯麦"号战列舰,只有想办法使它减速!因此他果断命令"胜利"号航空母舰在4艘巡洋舰掩护下高速前行,出动舰载机攻击"俾斯麦"号战列舰,尽量要将其击伤。

26日上午,"俾斯麦"号战列舰距布勒斯特不到700海里,按目前的速度,明天下午即可抵达。吕特晏斯心想,只要到布勒斯特,补足燃油,休整一下,仍可一酬壮志。

隆隆的轰鸣声从远而近,一架飞机从阴暗的云层中钻出,飞临"俾斯麦"号战列舰上空。舰上高射炮顿时齐发猛轰,英国飞机迅即逸去,又消失在了云际中。那是一架英国"卡塔林纳"式水上飞机。就是说,"俾斯麦"号战列舰又被英国人盯上了。一时间,"俾斯麦"号战列舰上警铃不断,吕特晏斯命令以最高速度向东疾驶。

重新发现"俾斯麦"号战列舰的消息传来,英国海军部又喜

"卡塔林纳"式水上飞机

又急。此时，托维所率的舰队已与"罗德尼"号战列舰会合，但在"俾斯麦"号战列舰西北130海里，如果没有奇迹发生很难追上。其他方向的军舰也大都距离很远，对德舰鞭长莫及。但驻直布罗陀的H舰队正奔袭过来，距敌较近，其中还有"皇家方舟"号大型航空母舰。

唯一的希望就是萨默维尔指挥的H舰队了。萨默维尔清楚地意识到，他的舰队已经从跑龙套的偏师成为绝对的主力。因此一接到托维的命令，他就立刻命令"皇家方舟"号航空母舰起飞两架侦察机前去监视"俾斯麦"号战列舰，这两架侦察机赶到"俾斯麦"号战列舰上空正是时候，那架"卡塔利纳"水上飞机已被"俾斯麦"

号战列舰高炮击伤，刚刚返航。

萨默维尔深知肩负的责任重大，不敢有丝毫懈怠。他担心侦察机会受恶劣天气影响而失去目标，又派"谢菲尔德"号巡洋舰全速先行，用雷达牢牢盯住"俾斯麦"号战列舰。他知道H舰队的"声望"号战列巡洋舰火力弱装甲薄，如果进行炮战，肯定不是"俾斯麦"号战列舰的对手，而托维指挥的"英王乔治五世"号战列舰和"罗德尼"号战列舰距离又远，一时半刻赶不到，只有靠"皇家方舟"号航空母舰的舰载机迟滞"俾斯麦"号战列舰，以争取时间等待主力赶到。

"声望"号战列巡洋舰

正在这时，吕特晏斯也收到德国海军司令部无线电传来的坏消息，得知英国海军仍在集中力量赶来截击他们，并且不断有更多的英国军舰参加到围剿"俾斯麦"号战列舰的行动中来。他似乎有些垂头丧气，像是认命了。

接着，他向舰员做了一次不寻常的演讲，说"俾斯麦"号战列舰将奋战到底；他希望有潜艇和飞机赶来助阵，抵抗英国军舰的攻击，若无增援，"俾斯麦"号战列舰将尽力击沉敌舰，与它们同归于尽："兄弟们，记住你们的誓言，誓死效忠元首。"

这番话对年轻士兵影响极坏。他们过去总是听说自己的军舰是沉不了的，这时忽然说要同归于尽！为了补救错误，舰上司令部马上补发一纸文告，说援军已在途中：一队潜艇即将开到，飞机也快到了，不久就会有200架德国飞机飞临上空。

这些消息全是虚构的，但大多数舰员都深信不疑。他们的精神又振作起来了。

14点50分，"皇家方舟"号航空母舰冒着大风起飞14架"剑鱼"式鱼雷轰炸机。40分钟后，机群发现了目标，兴奋得飞行员们来不及细看就投入了攻击。结果有8架飞机投下了鱼雷之后才发现原来这是己方的"谢菲尔德"号巡洋舰。好在这些鱼雷不是被军舰规避，就是因磁性引信被海浪引爆，没有对军舰造成损失，才避免了一场误击悲剧。鱼雷机只好悻悻返回航空母舰。事后，"谢菲尔德"号巡洋舰舰长拉曼夫生气的发电质问："你们这帮小崽子想干什

"皇家方舟"号航空母舰

么！？告诉我你们所属部队的番号！"一架飞机向"谢菲尔德"号巡洋舰发出信号说："请别生气，是个误会，敬了你一条鳟鱼，实在对不住！"

★"皇家方舟"号航空母舰

"皇家方舟"号航空母舰主要技术性能数据如下：

建造船厂：坎贝尔，莱德船厂

开工日期：1935年9月16日

经典 百年海战大观 "威尔士亲王"号覆没记

下水日期：1937年4月13日

服役日期：1938年11月17日

满载排水量：27300吨

设计排水量：19500吨

全长：243.8米

水线长：208.8米

型宽：29米

吃水：8.5米

飞行甲板长度：243.8米

飞行甲板宽度：50.6米

上部机库：173米长，18.2米宽，4.9米高

下部机库：137.8米长，18.2米宽，4.9米高

动力装置如下：

锅炉：3缸锅炉

主机：3台涡轮机

桨轴：3

续航能力：7600海里

马力：102000轴马力

最大航速：31节

装甲防护：船体侧部垂直装甲114毫米

甲板装甲：64毫米

机库装甲：914毫米

武器装备：重型高炮16门，114毫米/45倍径；8座双联装炮塔

防空炮：48门0.9公斤砰砰炮；6座8联装炮塔；32挺高射机枪

舰载机：最高可装载60架，通常48架"剑鱼"式鱼雷轰炸机，12架"鱼鹰"式或36架"剑鱼"式鱼雷轰炸机和24架"鱼鹰"式战斗/轰炸机；服役后期"鱼鹰"式飞机被"大鸥"式战斗机/轰炸机取代

舰员：1200～1650人

5. 困兽犹斗

此时，德国海军也没闲着。应吕特晏斯的强烈要求，他们把游弋在法国西岸附近海域的潜艇调来支援，其中"U-556"号潜艇最先赶到，并成功逼近到距离"皇家方舟"号航空母舰仅4000米处，清楚看到航空母舰上正在进行起飞准备，可惜它已在先前的巡航作战中用完了所有鱼雷，只能束手无策地作壁上观。

萨默维尔简短地训了几句那些个险些酿成悲剧的飞行员，暂时

取消了他们的飞行资格，换上了一批有经验的老飞行员。

19点，"皇家方舟"号航空母舰再次起飞了15架"剑鱼"式鱼雷轰炸机。此时，"俾斯麦"号战列舰距离法国海岸越来越近，如果此次攻击再告失手，那就只能眼睁睁看着"俾斯麦"号战列舰逃脱围歼了。因此出战的英军飞行员都清楚，只能成功不能失败。此外，英军还吸取了刚才攻击"谢菲尔德"号巡洋舰时磁性引信被海浪引爆的教训，将全部鱼雷都换成了触发引信。

"剑鱼"式鱼雷轰炸机在"谢菲尔德"号巡洋舰的引导下，准确地找到了在暴风雨中航行的"俾斯麦"号战列舰。

第二波攻击开始。这次，英国飞机像发了疯似的，到达"俾斯麦"号战列舰上方空域后，立即冒着"俾斯麦"号战列舰猛烈的防空火力攻击。"俾斯麦"号战列舰所有高射武器疯狂开火，空中遍布高炮炮弹爆炸的黑云。1架英国飞机被击中后拖着浓烟坠海，还有5架中弹起火。但英军这些老式的双翼机全然不顾"俾斯麦"号战列舰猛烈的对空炮火，利用云层掩护从左右两舷同时攻击，先后投下13枚鱼雷。"俾斯麦"号战列舰在舰长林德曼的指挥下，不时急转回旋，规避英国飞机投下的鱼雷。

吕特晏斯大感不妙，觉得厄运就要来了。突然，"轰隆"一声，舰舷命中一枚鱼雷，紧接着，舰尾又是一抖。舰上秩序大乱，人们大叫大嚷，到处乱撞。在混乱中，吕特晏斯却收到希特勒一封令人啼笑皆非的电报："本人无时不在关怀屡传捷报的将士们。"

舰员设法用轮机把持方向，但军舰只能一颠一跛地慢行，像个醉鬼似的东歪西倒。

吕特晏斯对副官里瑟说："我绝不能坐以待毙，你立即以舰上指挥部的名义发一则公告，就说清晨将有拖船来援，并有80架飞机。大家不要惊慌，各单位都坚守好自己的岗位，等待援军到来。"

"这是真的吗？"里瑟惊颤却又期许地问。

"少啰唆！你执行我的命令就可以了！"吕特晏斯吼走了里瑟。他现在也是烦上加烦——他当然知道这是不可能的，但他必须得尽到作为一个军人的职责——战斗到最后一刻。

不久后，舰上各处的喇叭开始传出夹杂着电磁杂音的公告："大家不要惊慌，各单位都坚守好自己的岗位！"有些舰员竟信以为真，舰上的秩序又慢慢恢复了正常。

维安得知发现"俾斯麦"号战列舰后，果断决定不再赶去与托维率领的舰队会合，而是直接取最近航线拦截"俾斯麦"号战列舰。

22点30分，维安率领驱逐舰与"谢菲尔德"号巡洋舰会合，随即全速驶向"俾斯麦"号战列舰，开始鱼雷

林德曼

攻击。维安先用一艘驱逐舰吸引"俾斯麦"号战列舰火力,其余4艘奋勇冲上前发射鱼雷。在林德曼的出色指挥下,舵机失灵的"俾斯麦"号战列舰居然成功地避开了所有鱼雷。维安再改变战术,4艘驱逐舰兵分4路,从前后左右4个方向同时攻击。但在"俾斯麦"号战列舰准确猛烈的火力轰击下,驱逐舰无法占领有利发射阵位,攻击一再落空。

维安发扬英国海军顽强坚韧的传统,指挥着驱逐舰紧盯不舍,一有机会就实施鱼雷攻击。直到5月27日凌晨,维安的不懈努力才有了收获,两枚鱼雷击中"俾斯麦"号战列舰,一中舰体中部,一中舰首,引燃了舰首燃料舱泄露的燃料。"俾斯麦"号战列舰甲板上一片火海,并加剧了舰尾伤势,航速进一步降低。

其间,吕特晏斯一直都没有放弃希望。他不断地向德国海军司令部发电,要求他们派部队前来支援。但海军司令雷德尔的回电却是:"海上的暴风雨妨碍了港口的驱逐舰入海,邓尼茨的潜水艇又相距太远,不可能及时赶到。请你们再坚持几个小时,等到天亮的时候,我一定会派舰队去营救你们。"当雷德尔把消息转发给希特勒,希特勒又命令戈林派空军去营救"俾斯麦"号战列舰的时候,戈林的回答也是如出一辙。

吕特晏斯绝望了。他知道没有人能够救得了他们了。于是,他在当晚午夜从"俾斯麦"号战列舰上发出诀别电:"舰船已不堪操纵。我们将会战斗至最后一滴血。元首万岁!"他还对希特勒本人发出信号:"我的元首,我和我的士兵怀着对您的忠诚和德国必胜的信心,决心战斗到生命结束。"希特勒指示海军部复电说:"全德国和你们在一起。一定千方百计设法营救你们。你们的尽职尽责定会在为国家生存的战斗中,增强我国力量。"

5月27日,大清早,德国空军搜寻了这个地区,并冒险对英国巡洋舰和驱逐舰进行了轰击。远洋拖轮也下了海,并要求西班牙政府派出救生船。吕特晏斯的最后一次无线电报于早上6点25分被收到:"位置没动。风力八至九级。"其后则是一片寂静。

天空浓云密布,寒风掀起了阵阵白浪。

在布勒斯特西北400海里,舵机失灵的"俾斯麦"号战列舰正缓慢地以10节航速向北航行,离布勒斯特越来越远,已无可能再返回法国。

不久后,天际边出现了英国皇家海军的主力舰"罗德尼"号战列舰和"英王乔治五世"号战列舰。"罗德尼"号战列舰406毫米主炮首先开火,困兽犹斗的"俾斯麦"号战列舰毫不示弱立刻还击。在舵机失灵的情况下,"俾斯麦"号战列舰极其困难地缓缓右转,将战舰侧面面对英国军舰,以便发扬全部主炮火力。

尽管"俾斯麦"号战列舰上的人员经过4天的激烈战斗已筋疲力尽,许多人在工作岗位上就昏昏入睡了,但是它的炮火在短时间内还是准确的,第3次齐射还击中过"罗德尼"号战列舰,但随着"俾斯麦"号战列舰主炮射击指挥仪被毁,射击精度大幅下降。

经典 百年海战大观 "威尔士亲王"号覆没记

英国军舰一边逼近"俾斯麦"号战列舰，一边用主炮猛烈射击。英军"萨福克"号重巡洋舰、"诺福克"号巡洋舰和"多塞特郡"号巡洋舰迂回至"俾斯麦"号战列舰右侧，与战列舰形成掎角之势。英军战列舰和巡洋舰从几个方向开火，并不断调整位置以取得最佳阵位。因重伤而行动笨拙的"俾斯麦"号战列舰号根本无法应对，不断被大口径炮弹命中，炮塔接连被毁，仅仅30分钟，4座主炮炮塔全部被打哑，而"俾斯麦"号战列舰只有几发近失弹给英

受到重创的"俾斯麦"号

国军舰造成了轻微损伤。眼见"俾斯麦"号战列舰火力趋弱，托维下令两艘战列舰抵近射击。

9点40分，"罗德尼"号战列舰竟然在距离"俾斯麦"号战列舰仅仅3600米处来回穿行，9门主炮连连齐射弹如雨下。"俾斯麦"号战列舰上层建筑烈焰翻滚，浓烟四起，面目全非，船舱内蒸汽管道被炸断，气雾弥漫，海水大量涌入舱室，舰体开始急剧向左倾斜。曾几何时不可一世的"俾斯麦"号战列舰上如今已是血流成河，甲板上到处在爆炸燃烧，到处是尸体，主炮已全部被摧毁，只有个别副炮还在顽抗。

"俾斯麦"号战列舰大势已去，它已不再是一具协同作战的机器。舰员仍在各单位指挥下继续应战，但已无法击中目标。"罗德尼"号战列舰与"英王乔治五世"号战列舰驶得更近，距离不到3000米，两舰均弹无虚发。"俾斯麦"号战列舰主桅被穿破多处，断索纠缠盘曲。最后，一发炮弹把主桅连根拔起，它倒在了甲板上。舰中起火。一座炮塔倾侧，炮口指向天空。过去，从未有一艘军舰受到这样的重创而仍能浮在水面之上。

这时，士气已完全崩溃。一座炮塔的炮手弃炮而逃。他们的军官迟疑了一下，也逃走了。在另一座炮塔内，士兵抗命，军官把他们一一射杀。

而此时吕特晏斯和"俾斯麦"号战列舰舰长林曼德却不知所踪。事后，有一名生还的舰员说："吕特晏斯上将当时和林德曼在机轮舱里发生激烈争吵，吕特晏斯把舱门紧闭，但是仍可听到他大发雷霆的声音，甚至最后听到了一阵从机轮舱里传来的手枪声。"

其后不久，"俾斯麦"号战列舰开始缓缓下沉。"英王乔治五世"号战列舰和"罗德尼"号战列舰毫不手软，凶猛的炮火继续倾泻。

10点15分，"俾斯麦"号战列舰所有炮火全被打哑，只能听任英国军舰宰割。托维见"俾斯麦"号战列舰沉没已是时间问题，而"英王乔治五世"号战列舰和"罗德尼"号战列舰燃料消耗将尽，便命令"多塞特郡"号重巡洋舰和"毛利人"号驱逐舰留下来实施最后一击，其他军舰开始返航。

正在炮击的"罗德尼"号

10点30分，"多塞特郡"号重巡洋舰驶至"俾斯麦"号战列舰右舷，在近距离上连射两枚鱼雷全部命中。然后，它一边开炮一边绕到"俾斯麦"号战列舰左舷再发射6枚鱼雷，又有3枚鱼雷命中，激起的水柱淹没了"俾斯麦"号战列舰。10点36分，德国超级战列舰"俾斯麦"号战列舰，载着吕特晏斯和1600名德军官兵，在距布勒特斯450海里处沉入了大西洋底。

海面上数百名水兵挣扎待救，出于人道主义，"多塞特郡"号重巡洋舰丢下绳索，救起大约80名德军水兵，"毛利人"号驱逐舰也救起25人。但救生工作刚刚开始，他们就发现了德军潜艇的踪迹。"多塞特郡"号重巡洋舰和"毛利人"号驱逐舰立即终止救援撤离现场。

海中挣扎的数百名德军水兵，只有5人后被德国"萨克森沃尔德"号气象船和一艘潜艇救起。"俾斯麦"号战列舰的编制人员多达2000人，幸存者总共只有113人，吕特晏斯和林德曼都未在其中。

托维收到这个消息后，望着蓝天碧海微微地笑了笑。"天终于晴了啊！"他心中一阵说不出的愉悦，自从"胡德"号战列巡洋舰沉没以来，他还未像现在这样快活过——他终于报了一箭之仇！

当日中午，消息才传到德国，希特勒和他的亲信正在研究东线即将向苏联发起的攻势。会场上死一般的寂静，唯有墙上的挂钟滴嗒声不断。良久，希特勒才抬起眼睛，目光黯然地对身边的雷德尔

"多塞特郡"号重巡洋舰

说："以后没有我的同意，任何大型水面船只不得进入大西洋。"

吕特晏斯的另外一艘爱舰"欧根亲王"号重巡洋舰，则成功地躲过英军的围追堵截，逃脱了覆灭的命运。

在围歼"俾斯麦"号战列舰的作战中，电子战已初露端倪，吕特晏斯发出的长篇电报，无疑是最大失误，如果英军不是依靠此次电报定位，测出"俾斯麦"号战列舰基本方位，要想凭军舰、飞机的搜索，在不知道目标范围的情况下，绝对是大海捞针。

对"俾斯麦"号战列舰造成致命打击的"剑鱼"式鱼雷轰炸机攻击，也是在军舰无线电引导下才取得成功的。而"俾斯麦"号战列舰巧妙地摆脱英军巡洋舰跟踪，更是电子战中的神来之笔！

而飞机在此次作战中所表现出的作用，更是充分说明了制空权对于制海权的巨大影响。英军 22 日首先发现"俾斯麦"号战列舰离开卑尔根的是飞机，26 日在搜索毫无收效的情况下发现德舰踪迹的又是飞机，而给予"俾斯麦"号战列舰致命损伤，最终导致其沉没的还是飞机！可以说，在整个海上围歼战中，每到关键时刻，总是飞机发挥了决定性作用。反观德军，因为没有远洋航空力量，威风八面的"俾斯麦"号战列舰，在没有空中掩护的情况下变成了英军的活靶子。

最重要的原因还是燃料问题，即使德军出现上述漏洞，如果

"剑鱼"式鱼雷轰炸机投掷鱼雷攻击"俾斯麦"号

"俾斯麦"号战列舰燃料充足，绝对可以凭借其高速航行，在英军主力舰队到来之前，进入岸基飞机保护圈。仔细算一算，"俾斯麦"号战列舰燃油装载量为8000吨，可以供军舰以最高航速航行8天，由于疏忽没有在挪威卑尔根停泊时补充燃料，出丹麦海峡时又没有按计划进行海上加油，此时已消耗了2000吨，加上后来被"威尔士亲王"号战列舰击中舰首燃料舱，又白白损失了1000吨燃料。再经过三天两夜的高速航行，燃料所剩无几。

在最后阶段"俾斯麦"号战列舰一直不敢开到28节以上的高速，其根本原因就在于没有足够燃料。否则早在26日下午就能进入德军岸基飞机作战半径之内了。那样的话，胜负就很难说了。吕特晏斯对于海军战术确实精通，但对于后勤，向来是轻视的。在挪威卑尔根和丹麦海峡两次放弃补给之时，就已经埋下了"俾斯麦"号战列舰被击沉的伏笔。因此完全可以说，"俾斯麦"号战列舰的失败，也是后勤的失败！

★丘吉尔盛赞"威尔士亲王"号战列舰

击沉"俾斯麦"后战列舰，丘吉尔高度评价了"威尔士亲王"号战列舰的战力，"虽然大家都有功劳，我们却不可忘记，这次旷日持久的战斗，是以'威尔士亲王'号战列舰的大炮重创'俾斯麦'号战列舰为转折点的。所以战列舰和大炮在开头和结尾都是起主要作用的。"他高兴地致电罗斯福总统：我以后再告诉你关于同

"俾斯麦"号战列舰战斗的秘密情况。它是一艘威力强大的战舰，是军舰建造史上的一项杰作。击沉这艘敌舰，使我们的战列舰的紧张状况得到缓和，不然，我们就不得不把"英王乔治五世"号战列舰、"威尔士亲王"号战列舰和那两艘"纳尔逊"级战舰全都拴在斯卡帕湾，以防"俾斯麦"号战列舰和"提尔皮茨"号战列舰的出击，因为它们可以选择时机，而我们又必须空出一艘战列舰来重新装备。现在，情形就不同了。

第二章
风云际会

- ★ "罗德尼"号战列舰竟然在距离"俾斯麦"号战列舰仅仅3600米处来回穿行,9门主炮连连齐射弹如雨下,"俾斯麦"号战列舰上层建筑烈焰翻滚,浓烟四起,面目全非。
- ★ 丘吉尔和罗斯福都觉得有必要谈谈,一切很快就安排好了。地点选定为纽芬兰的普拉森夏湾,日期定为8月9日。丘吉尔特意命"威尔士亲王"号战列舰作为自己的座驾,准备出发。
- ★ 当丘吉尔乘"威尔士亲王"号战列舰离开的时候,美国驱逐舰队把他一直护送到冰岛。
- ★ 在丘吉尔看来,"威尔士亲王"号战列舰将是最好的可能震慑日本的军舰,所以他将做出一切努力把它永久地抽调出去。

1. 见证《大西洋宪章》

美国人建议把一切力量集中在大西洋上。罗斯福派使者拜访丘吉尔,建议"英帝国的四个问题按照以下次序排列:本土和大西洋航线的防卫;新加坡和通往澳大利亚与新西兰的航线的防卫;一般海洋航线的防卫;中东的防卫"。

计划总赶不上变化。1941年7月,日本也趁火打劫,完成对中南半岛的军事占领。罗斯福和丘吉尔均很愤慨,要求日本政府使中南半岛中立化,并撤出日本军队。为了给这些建议增添分量,罗斯福还颁发了冻结所有日本在美国的财产的行政命令。这使一切贸易陷于停顿。英国政府采取了行动,荷兰政府也采取了行动。

7月下旬,美国使者哈里·霍普金斯来到唐宁街的花园中拜访丘吉尔。他一开口就说:"总统很愿意在一个偏僻的港湾之类的地点同首相会晤。"丘吉尔随即答道:"我确信内阁将允许我请假。"

双方都觉得有必要谈谈。一切很快就安排好了。地点选定为纽芬兰的普拉森夏湾,日期定为8月9日。丘吉尔特意命维修一新的"威尔士亲王"号战列舰准备出发,并致电罗斯福:"内阁已同意我休假。我正在做这样的安排,如果对你方便的话,我将于8月4

日起航，约在 8 日、9 日、10 日期间同你会晤。实际秘密会晤地点待以后再定。海军部将由通常联系途径将详情奉告。我将协同第一海务大臣庞德、帝国总参谋长迪尔和空军副参谋长弗里曼前往。我对这次当可有益于将来的会谈寄予莫大的期望。"

陪同丘吉尔前往的还有：外交部的亚历山大·卡多根，国防部的彻韦尔勋爵、霍利斯与雅各布，以及他个人的幕僚。此外，还有技术与行政部门以及计划部门的许多高级官员。

罗斯福

罗斯福回电说，他将协同美国三军首长和国务院的萨姆纳·韦尔斯与会。那时，在北大西洋有大量的德国潜艇，所以必须严格保密。

为了确保秘密，罗斯福表面上是休假巡游，但在海中偷偷换乘了"奥古斯塔"号巡洋舰，把他的游艇留在后面作为迷障。这时，他的私人顾问哈里·霍普金斯虽然身体很不好，但得到罗斯福许可，取道挪威、瑞典和芬兰，飞越一段令人疲倦而又危险的漫长航程前往莫斯科，以便直接从斯大林那里最详尽地获悉苏联的局势和需要。

"奥古斯塔"号巡洋舰

丘吉尔一行人在斯卡帕湾从一艘驱逐舰登上"威尔士亲王"号战列舰。

8月4日黄昏时分,"威尔士亲王"号战列舰同护送它的几艘驱逐舰驶入大西洋浩瀚无际的洋面。

丘吉尔显然很满意这次航行,他写道:

……

位于螺旋桨上面的那些宽敞的舱房,当船停泊在港内的时候最舒适,但是,在海上遇到波涛汹涌的时候,则由于摆动而使人难以安身,所以我就迁移到舰桥上舰队司令的舱房内,在那里工作和睡眠。我很喜欢我们的舰长利奇。他英俊可爱,具有英国水手所应有的一切品质。第二天,海上风浪是这样大,使我们不得不减低速度,否则就得丢开我们的驱逐舰护航队。第一海务大臣庞德做出了决定。自此以后，我们就单独以高速度继续航行。

据报告，曾发现几艘德国潜艇，因此，我们曲折前进，并做大迂回，以躲开它们。舰上严禁发出无线电波的声音。我们能够收到电报，但是在一段时期内，我们只能偶尔交谈。因此，我的日常工作暂停，并且有一种生疏的空闲感，这是自从开战以来从来没有过的。

由于海面波涛汹涌，后甲板不能使用，但是我每日三四次出入各个舱房，并上下通向舰桥的各个扶梯，因而得到充分的运动。晚间，我们有一个很好的电影院，在那里为我们一行人和那些不值勤的军官放映最新最好的影片。我的朋友卡多根在他的日记中写道："晚餐后，观看《汉密尔顿夫人》影片。非常好。首相看过5次，还是深受感动。放映完毕后，他对大家说：'诸位，这部影片的内容很像你们亲身经历的那些大事，所以我想，它会使你们感兴趣的。'"这次航行是一支令人愉快的插曲。

当我在位于舰桥上那间虽然狭小但是舒适的舱房和床上休息时，我根据我研究过的关于春季战事的一切报告，思索沙漠地区未来的战斗。在我离开伦敦期间，以代首相名义行使职权的艾德礼关心我的安全。他担心，如果消息有一点泄漏，敌人将派"提尔皮茨"号战列舰军舰去追击"威尔士亲王"号战列舰。我觉得德国人没有这样的好运气。我确信，在返航时罗斯福会考虑到我们出海时的安全。我们现在已经得到新的驱逐舰护卫队。

……

8月9日（星期六）上午9点，丘吉尔抵达纽芬兰普拉森夏湾的会晤地点。

11点整，在汽笛的尖鸣声和海军仪仗队举枪致敬的碰击声中，穿着褐色海军制服的丘吉尔走上船梯。

丘吉尔显得古板、粗率而有力。他停下脚步，礼貌地朝后甲板致敬，笑眯眯地伸出双手走上前去。

"终于见到您了，总统先生！"

"在船上和您相会，我很高兴，丘吉尔先生。"罗斯福回答。

他们的手紧紧握到了一起。激情犹如强大电流传遍他们的身体。对他们两人来说，这次会晤象征着他们梦寐以求、努力争取并最终实现的目标。他们的相见，体现着英国和美国携起手来了。

这是他们1919年以来的第一次晤面，可是他们即刻谈到他们的通讯，他们横隔大西洋的通话，他们的健康，他们的工作与他们的烦恼，很快地他们便直呼其名，用起"富兰克林"与"温斯顿"的亲昵称呼。这称呼当然是私下用的。在有其他官员在场的时候，他们还是用"总统先生"与"首相先生"的称呼。可是日子处久了，罗斯福在正式的场合也放弃了这种礼貌上的装模作样，虽然丘吉尔始终拘谨地墨守着这种称呼的礼节。

第一次的拜访完全是礼节性的，丘吉尔带了一封英国女皇给罗斯福的信。比较醒目的却是丘吉尔随身带的一批顾问们。和罗斯福

罗斯福与丘吉尔在"威尔士亲王"号上的会面

带来的一小群随员相比，丘吉尔显赫得多了，从贝弗勃洛克到耶尔他全带了来，还有一批英国情报部的官员也在场，随身带着笔记本和摄影机。

在星期日（8月10日）的早晨，罗斯福带着他的僚属和几百名美国海军和海军陆战队各级的官兵代表来到"威尔士亲王"号战列舰舰上，在后甲板上参加礼拜仪式。

大家都感觉到，这次礼拜是英美两国人民信仰一致的一种极为

经典 百年海战大观 "威尔士亲王"号覆没记

动人的表现。凡是参加这次礼拜仪式的人,都不会忘记那个阳光灿烂的早晨呈现在那拥挤的后甲板上的景象——讲坛上挂着英美两国的国旗;美国和英国的牧师共读祈祷文;英美两国的最高级海陆空军军官们成为一个整体,聚集在罗斯福和丘吉尔的背后;密集的英美两国的水兵队伍完全混合在一起,他们合用着一本《圣经》,一齐热烈地参加双方都熟悉的祈祷与唱诗。

站在"威尔士亲王"号甲板上的丘吉尔

丘吉尔亲自选择了两首赞美诗——"海上遇险歌"和"基督徒进军歌"。结束时唱了"上帝是我们千古的保障"这首诗。

祈祷以后，客人们就留下吃午餐，丘吉尔做主人。在吃饭的时候，突然间有人叫大家静下来，高声喊道："诸位，英国女皇万岁！"接着是一阵子椅子移动声，脚步摆动声，于是一片沉静，大家把杯子高高地举起来，干了杯中的酒。这未免有些宫廷味的炫耀，也容易引起人们的冷嘲，但这也是一个不可否认地感人而且不能忘怀的场面。

下午会议中，双方的军事代表都抱着不同的意见，因此会场的空气和早晨的那种理想的团结迥然不同。英国代表坚持他们的主张，用种种理由来说服美国人，想要美国人把更多的租借物资交给英国，尽量减少给苏联的物资。美国人不相信他们的动机完全是政治方面的，虽然美国人也承认，拆穿了来说，他们对苏联持久性的缺乏信心就是由政治原因促成的。在谈论中，马歇尔、金和安诺德继续坚持必须给苏联以一切可能的援助，因为这是合乎逻辑的。再说，美国人的理由是建筑在德军已经进入苏联领土这一事实上的。多给苏联一些坦克、飞机、大炮就等于多杀死些德国士兵；给英国的租借物资，在目前是没有什么效用的，最多也不过是增加其囤积的数量而已。美国人在另一方面当然不能忘记他们自己国防上的需要——建设他们自己的海军与陆军还是需要很多物资的。

庞德、狄尔、弗利曼三个人在辩论中屡次声明，囤积在英国的物资和军火，在结局的时候，对盟国的总战斗力将有更大的价值。他们反复地鼓吹他们的观念，说给苏联的一切战争物资结果一定会被德军俘获过去；而为美国本身的利益着想，美国非把大部分的物资送给英国不行。幸运地，美国的发言人是在一个不同的角度下，来看美国本身利益以及整个战争的广泛利益。就是罗斯福总统的儿子那时也怀疑英国的目的是否想使德国与苏联两败俱伤，而英国趁此机会强大起来，坐收渔利。

罗斯福认为，英美最好能够拟订一项联合宣言，规定一些广泛的原则，以便沿着同一道路前行。丘吉尔亟愿依从这项极其有益的建议，因而交给他一篇初步的宣言大纲——《英美两国关于原则的联合宣言》。其内容如下：

美利坚合众国总统和代表联合王国国王陛下政府的首相丘吉尔先生举行会谈，以寻求和商定面对纳粹和德国的侵略保障其各自国家的安全，以及解除由于德国的侵略而引起的世界各国人民的危难的对策。英国和美国认为，应公布某些为双方接受的原则，作为制定政策的指南针，并据此希望世界有一个更好的前途。

第一，英美两国不寻求领土或其他方面的扩张。

第二，两国反对不符合有关民族自由表达愿望的领土变更。

第三，两国尊重各国人民选择他们在其管辖下生活的政府形式的权利。它们唯一关心的是捍卫言论自由和思想自由的权利,因为,如果没有这些权利,所谓选择必然是空谈。

第四,两国将力求实现重要产品的公平合理的分配,其范围不仅限于它们各自的疆界以内,也及于世界各国之间。

第五,两国寻求和平。这种和平不仅要永远消灭纳粹暴政,还要利用有效的国际组织,使一切国家与民族得以在它们自己的疆界内让人民安居乐业,在渡过海洋时没有受到非法袭击的恐惧,也没有必要去维持负担沉重的军备。

★在"威尔士亲王"号战列舰上的礼拜

做礼拜的时候,罗斯福念的经文是从《约书亚记》第一章里摘下来的:"你平生的日子必无一人能在你面前站立得住;我怎样与摩西同在,也必照样与你同在;我必不撇下你,也不丢弃你。你当刚强胆壮。"

牧师接着祈祷说:"增强我们的决心:我们不是和人们为敌,而是反对奴役人们灵魂的黑暗势力,我们将战斗不息,直到一切敌对行为和压迫都被消灭干净,世界各国人民从恐惧中获得解放,作为上帝的孩子互相服务。"

祈祷首先为美国总统、英国首相,其次为他们的大臣们、海军将领们、陆军将领们,然后为被侵略各国、伤病员们、俘虏们、被迫离乡背井与无家可归的人们、焦虑悬盼和丧失亲人的人们。

经典 百年海战大观 "威尔士亲王"号覆没记

"威尔士亲王"号上《大西洋宪章》的签订仪式

而且还祷告："但愿我们能从仇恨、痛苦和各种复仇精神中保存下来！"

祷告之后，接着响起了千百个青年人的歌声，他们百感交集地唱着罗斯福亲自为这一天选定的一首水兵赞美诗："永恒的上帝，万能的救世主，汹涌的波涛已被你制服。你挥动巨臂，力挽狂澜，深邃的大海被迫就范。啊，人们在海上遇难，请倾听我们的呼唤。"

2. 英美联盟

第二天吃午饭的时候，英国财政大臣贝弗勃洛克也参加了会议。同时，双方的"军事对头"们也在金的房舱内举行会议。对拟将发表的声明，罗斯福慢条斯理地朗读着："美利坚合众国总统和英王陛下政府的首相丘吉尔先生，认为有必要……"

"总统先生，"丘吉尔插话说，"我们是否应该说：'会晤之后认为有必要'？"

"温斯顿，很好。"罗斯福大声说，"就这么说……'会晤之后认为有必要'宣布两国的若干共同原则，他们希望根据这些原则改善世界的未来局势。"

他们就这样逐字逐句地写着，有时意见一致，有时激烈地争辩，好似一个雕塑家费力地把粗糙的花岗石雕琢成一块纪念碑那样，一点一点地使这个伟大的文件成形。

罗斯福提出了一项修正建议：第四点关于取得原料问题，美国希望插入"不加歧视，并在平等的条件下"字样。还提出了另外两节："第六，两国寻求能够在公共海洋上确保安全的和平。第七，两国相信，世界上一切国家必须遵从放弃使用武力的精神。"

两点半的时候，即将发表的联合声明已经获得了最后的同意。这个周末主要的外交方面工作已经全部达成，罗斯福和丘吉尔二人的心中充满了欢喜与得意。当每个人走出舱房来到甲板上的时候，全体人员的印象好像是一个伟大的微笑。

警卫队和舰上的乐队整齐地排在一旁，当丘吉尔跟着英国各部参谋长们走下美国巡洋舰的时候，乐队奏起《上帝保佑吾王》的英国国歌。会议的工作就此全部结束。

第二天，用美国总统与英国首相大臣二人的名义代表美国和英国发表了这部历史性的《大西洋宪章》，声明下列八点：

第一，英美两国没有扩张领土或其他野心；

第二，英美两国绝不容许有违反当地人民自由意志的领土变更；

第三，英美两国绝对尊重各国人民选择其政府方式的权利，并且愿意使一切在武力下丧失宗主权与自治权之民族恢复其应享有的权利；

第四，英美两国努力使一切国家，不论大小，战胜国或是战败国，均能享受平等权利以经营世界贸易并获得本国经济繁荣所必需的世界资源；

第五，英美两国将促成世界各国间在经济领域内的密切合作，保障各国的劳动生活改善、经济调整与社会安全；

第六，在专制的纳粹主义彻底消灭以后，英美两国希望能建设理想的和平，使一切民族都能安全地居住在国境之内，并且保障居住在任何土地上的任何居民都能自由生活，不受恐惧与贫困的威胁；

第七，这和平将使一切人民都能毫无阻碍地横渡公海；

第八，英美两国深信世界上的一切国家，为现实以及精神上的理由，最终将放弃武力。威胁或可能威胁邻国国境之国家，如果继续运用其海陆空军备，将来的和平就难以维持。因此，英美两国认为唯有解除这些国家的武装，才能建立广泛性与永久性的安全制度。英美两国同时将协助并鼓励其他有实际意义之方案实现，使一切爱好和平的国家减轻其军备负担。

签约的同一天，丘吉尔和罗斯福的话题转到远东方面。7月26日，英美加于日本的经济制裁曾使东京震动，近卫文麿首相设法恢复外交谈判。于是，日本驻华盛顿特使野村吉三郎把有关全面解决争端的建议递交美国政府。日本答应不再向东南亚推进，并表示，将在"中国事件"解决后从中南半岛撤退。作为交换条件，美国应恢复与日本的贸易关系,并协助日本从西南太平洋获得它所需要的一切原料。显然,这是措辞圆滑的建议——日本凭着这项建议可取得它所能得到的一切,而对将来则不承担任何义务。

无论日本如何,英美《大西洋宪章》的签订在当时影响深远。美国在名义上仍属中立国,却同一个交战国发表这样的宣言,但宣言中包括有"最终摧毁纳粹暴政以后"的词句,等于是一个挑战——在平时这种挑战意味着战争行动。

罗斯福和丘吉尔还联名给斯大林发了一封长信:

"当你们正在对纳粹的进攻进行英勇抵抗的时候,我们两国怎样才能最有效地帮助你们的国家。目前,我们正通力合作,尽量提供你们最急需的物资。许多船已经载运物资驶离我们的海岸,最近将有更多的货船驶出。现在,我们必须考虑到一项更长时期的政策,因为,在能够获得完全的胜利以前,我们还要走过一段漫长而艰苦的道路。如果不能赢得完全的胜利,我们的努力和牺牲就白费了。

"战争在许多战线上进行着,而且,在这场战争结束以前,还可能发展出更多的战线。我们的资源虽然雄

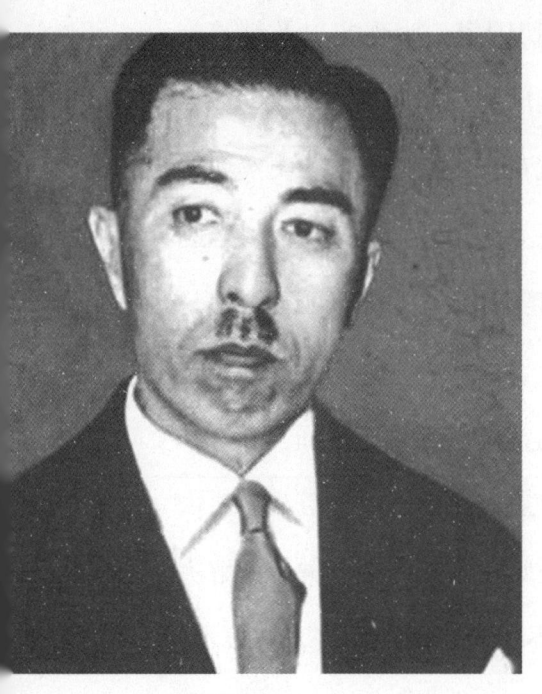

近卫文麿

厚,却是有限的,因而必然要产生这样的问题:究竟在何时何地才能最有效地利用这些资源以使我们的共同努力达到最大限度。这也同样适用于军用产品和原料。

"你们的武装部队和我们的武装部队的各种需要,只有凭着充分了解我们在做出决定时所必须考虑到的那些因素,才能决定。为了便于我们大家迅速规定我们合在一起的资源的分配,我们建议,筹备在莫斯科举行一次会议。我们将派遣高级代表出席,以便直接和你讨论这些问题。如果你同意举行这个会议,我们想要告诉你,在这个会议做出决定以前,我们将继续尽快地运送军需物资和材料。

"我们充分认识到,苏联英勇而坚决的抵抗,对于击败希特勒是多么重要,因此,我们觉得,在任何情况下,我们必须迅速行动,立即制订将来分配我们的合在一起的资源的方案。"

斯大林自然相当感激。

有趣的是,不论英国政府,还是美国政府,都没把苏联当主角。罗斯福就此问题宣称,他"反对建立新的国际联盟组织,至少还得过一段时间,让美军和英军组成的国际警察干一番事业"。有关苏联的话一句都没有。尽管罗斯福相信苏联抵抗德军的力量,但在战后世界的算盘中却把苏联除掉了。他无疑认为,消耗战将瓦解苏联,并为美国在世界上的统治地位开辟道路。

分手时,在"奥古斯塔"号重巡洋舰的甲板上,丘吉尔热烈地

经典 百年海战大观 "威尔士亲王"号覆没记

握着罗斯福的手，然后匆忙走下舷梯，上了汽艇。

当丘吉尔乘"威尔士亲王"号战列舰离开的时候，美国驱逐舰队把他一直护送到冰岛。在驱逐舰队中，有一艘是小富兰克林·罗斯福正在服役的舰只，他当时是海军少尉。后来，丘吉尔在一次广播中谈道："就这样，我们乘风破浪，越洋返航，精神为之振奋，决心为之增强。正在给冰岛美国海军陆战队送文件的几艘美国驱逐舰，恰好与我们走的是同一航线，因此我们在海上成为旅行良伴。"丘吉尔意味深长地提到美国驱逐舰"恰好与我们走的是同一航线"这句话，是包含着更深一层意思的。

斯大林

所有船只在通过大西洋上一段航程时，秩序井然，阵容整齐，过往商船上的海员见到了"威尔士亲王"号战列舰也很高兴。

8月16日晨，"威尔士亲王"号战列舰抵达冰岛，停泊在赫瓦尔斯湾。丘吉尔从这里换乘驱逐舰至雷克雅未克。在抵达港口时，丘吉尔受到一大群人热烈欢迎。两天后，"威尔士亲王"号战列舰载着丘吉尔返航，不久顺利回到伦敦。

罗斯福与丘吉尔共同发表声明，深深刺痛了希特勒。就在这时，德国潜艇又向美国的"格里尔"号驱逐舰发射一枚鱼雷，而"格里尔"号驱逐舰则向对方投了深水炸弹。罗斯福肯定，德国潜艇"毫无疑问"知道他们攻击的是美国军舰。他认为，这不是孤立的偶然事件，而是涉及希特勒建立制海权计划的一部分："在响尾蛇摆开架势要咬你的时候，你不会等它咬了你之后再把它踩死。纳粹潜水艇和快艇就是大西洋中的响尾蛇……从现在起，如果德国或意大利的军舰进入美国防御所必需的水域，它们就要承担责任和风险。"从此，美国军舰开始在西经26°以西公开为英国船只护航，并在得到命令后无须提出警告就可以攻击德国船只。

纳粹报刊疯狂地咒骂罗斯福。从这时起，在德国报纸上一提到他的名字就加上"头号战犯"的头衔。然而，纳粹分子的反击没有超出宣传的范围。雷德尔请求希特勒批准采取相应措施，希特勒制止了，并且解释说："9月底，在向苏联进军中可能出现决定性的转折，因此，在10月中旬以前，要避免发生同商船冲突的事件。"苏联人的英勇战斗使德国领导集团的希望化为泡影。无论9月份，还是以后，都没有出现这种决定性的"转折"。但是，不准德国潜艇攻击美国商船的禁令仍然有效。

德国人虽然在海洋上不再主动袭击，隆美尔的兵团却在非洲肆无忌惮。英国跟德国都利用夏季来增援在利比亚沙漠的军队。对英国来说，加强马耳他岛的防御是最要紧的事。

马耳他岛位于地中海中心，自古以来就是地中海天然的避风

隆美尔

港，该岛面积246平方千米，1800年被英国占领，后沦为英国殖民地。由于马耳他岛正处在直布罗陀至苏伊士运河的东西航线和意大利至北非的南北航线交汇点，距离意大利的西西里岛仅45海里。从岛上机场起飞的飞机，作战半径东可至希腊雅典、克里特岛，南到利比亚，西至阿尔及利亚，北可达意大利中部的佛罗伦萨，几乎覆盖了地中海周围所有重要目标，因此马耳他岛对于南欧和北非地区具有无可比拟的战略地位和价值。

第二次世界大战爆发后，马耳他岛也就理所当然成为英国在地中海最重要的海空基地，同样也就成为德国和意大利首要的攻击目标。英国国防委员会批准在马耳他岛上建立三个机场，建立水上飞机基地和雷达站，并在该岛部署4个战斗机中队和172门高炮。

守住马耳他岛就能在地中海中间保存一块根据地，作为非洲战场的物资中转站。当然，德国人若想在非洲继续猖狂，就必须铲除马耳他岛上的英军，切断英国人的交通枢纽。

★罗斯福和丘吉尔的私交

响亮的口号已经提出来了，不过罗斯福忽略了一个根本情况，就是《大西洋宪章》对美国来说，只有道义上的，而不是法律上的约束。

《大西洋宪章》仅仅油印出来交给报界去发表，这份文件未经签署，也没有履行签订国际协定的一般手续。因此，这个宪章无须提交参议院批准。罗斯福和丘吉尔表达了令人激动的想法——事情到此为止。罗斯福同丘吉尔在战争中的合作就这样开始了。

据英国首相估算，在战争期间，他们两人在各种会议上总共相处120天。他们刚刚从大西洋会议上分手，就都苦苦地思索着各自所接触到的问题："他对我会有何种想法呢？"两位演员都在心灵深处琢磨，自己是否成功地扮演了角色？罗斯福满意地对朋友们说："会议期间，我有13艘军舰，而温斯顿只有2到3艘，其中的一艘还坏了，是我借给他一艘驱逐舰！"从他们第一次见面时起，丘吉尔就恭敬地称自己是总统的"第一中尉"，习惯地称他为"总统先生"，而总统对首相总是亲昵地称"温斯顿"。

3.日本耍阴谋

希腊克里特失守后，位于克里特岛和昔兰尼加的德国空军基地严重地威胁着从亚历山大开往马耳他岛的运输船队的航线，使英国不得不完全依靠西面的航线输送供应物资。在执行这项任务中，萨默维尔率领驻在直布罗陀的H舰队立下了卓越的功劳。曾被海军部断定为格外危险的这条航线，此时，成了唯一可以通行的航线。

这时，希特勒由于入侵苏联的需要，不得不从西西里岛撤出空军。这使马耳他岛的局势得以缓和，并使英国重新掌握了马耳他海峡的制空权。这不仅有利于来自西面的英国运输船队的航行，而且能够使英国给予德国增援非洲隆美尔的兵员运输舰和物资供应船只，以沉重的打击。

7月间，有一支包括6艘供应船的运输船队驶抵马耳他岛，有7艘空船开出。隔了两夜，意大利人出动了约20艘快速鱼雷艇和8艘小型潜艇进行猛攻。英军展开了保卫战。马耳他港的防御据点大部分是由马耳他岛人防守，尽管来袭的敌军勇猛，但这股进犯的敌军最终几乎被全部歼灭。

9月间，另外一支包括9艘兵员运输舰的运输船队，在"威尔士亲王"号战列舰和"罗德尼"号战列舰、"皇家方舟"号航空母舰以及5艘巡洋舰和18艘驱逐舰组成的强大护航队护卫下驶抵马耳他岛，兵员运输舰只损失一艘。除了这几支主要的运输船队外，还有许多供应船驶抵该岛。

在开往马耳他岛的34艘船中，共有32艘历经险阻，英勇奋战后安全到达。这些补给使这个要塞不但能够存在下去，而且能够进攻敌人。截至9月底，先后有43艘轴心国的船只，共计15万吨，还有64艘较小的舰艇在非洲航线上被驻扎在马耳他岛上的英国飞机、潜艇和驱逐舰击沉。在10月份，德国补给隆美尔的供应物资，有60%以上在运输途中沉没大海。

苏联战场僵持，非洲战场又不能迅速取胜，希特勒很焦急。这时候，德国偏偏与美国的冲突事件不断发生。

10月17日，美国"克尼"号驱逐舰与德国潜艇遭遇，挨了一枚鱼雷，11名水兵毙命。31日，"鲁本·詹姆斯"号驱逐舰沉没，舰上145人中有115人遇难。

罗斯福在海军节时气愤地说："已经向美国进攻了。我们本想避免交火，可是现在已经开火。究竟是谁先放的第一枪，历史已有记载。"罗斯福强烈谴责纳粹分子对西半球的侵略计划，并宣布："我们的商船必须武装起来对付大西洋上的响尾蛇。这些商船有权把美国的商品运到朋友的港口。我们的海军必须保卫我们的商船。"

罗斯福请那些认为美国应当置身于苏德战争之外的人们注意："前天，一位参议员要求美国国务卿解释，我们为什么援助苏联。国务卿答复他说：这就要看这个人是否想制止并打退希特勒称霸世界的进军。如果他想打垮希特勒，至于谁在这个事业上帮助他，都是无所谓的。"

罗斯福的言论以及海军的行动都毫无疑问地说明，美国已经同德国不宣而战。11月14日，参议院以50票对37票、众议院以

经典　百年海战大观"威尔士亲王"号覆没记

212票对194票通过修改《中立法案》。从此以后，武装起来的美国商船可以在作战海域航行，美国与德国在大西洋开始了未经宣战的战争。

由于英美舰队联合作战，以马耳他岛为中心，牢牢压制着德国海军，隆美尔在非洲的补给匮乏。而英国皇家海军的"威尔士亲王"号战列舰、"皇家方舟"号航空母舰和"罗德尼"号战列舰组成的巨型舰队源源不断将飞机、坦克借道马耳他岛运到非洲，支持盟军。在盟军反攻下，德军一再败退。

几个月下来，德军13000人和意军20000人，总计33000人连

"鲁本·詹姆斯"号驱逐舰

同数百辆坦克被消灭了。隆美尔在1941年12月曾说道："北非局势需要做出最大努力来供应德国军队，补充大量损失和提供第一流的援军。按照目前海上的形势，空中运输机必须成为越过地中海的主要运载工具。"

希特勒没能攻下苏联，现在连非洲也出了问题，便心急火燎地命令海军用潜艇战术缠住英国海军。德国潜艇在地中海的冲击力相当厉害，就连英国"皇家方舟"号航空母舰都被其击沉了。12月，希特勒了解到隆美尔面临的致命危险，下令把整整一个空军大队从苏联调到西西里岛和北非，对马耳他发动了一次新的空中攻势。

与此同时，世界上又发生了一起惊天大事：日本人偷袭了珍珠港。

早在9月份，丘吉尔就将一项备忘录送给第一海务大臣，其中说到成立一支东方舰队，计划布置在印度洋中，而且这支舰队由最少数的最好的船舰组成，以防止日本。第一海务大臣答复说，海军部的计划是到1942年初在锡兰建立一支舰队，包括"纳尔逊"号战列舰和"罗德尼"号战列舰、"声威"号战斗巡洋舰和"赫尔米兹"号小型航空母舰。

丘吉尔觉得用旧式战列舰来担任护航工作，对付装有203毫米口径大炮的巡洋舰是有效的，但是如果敌人为了袭击而准备派遣一艘快速的现代战列舰出来，它们和它们所护航的运输船队将会变成瓮中之鳖。因此，将有必要调派一两艘快速主力舰以防止日本人派

经典 百年海战大观 "威尔士亲王"号覆没记

出重型袭击舰。他再次致信海军部：最好派遣"威尔士亲王"号战列舰与"反击"号战列巡洋舰，连同4艘驱逐舰和"无畏"号航空母舰作为远东舰队的第一批舰只。

可惜，"无畏"号航空母舰遭到一个事故而致暂时失去战斗力。丘吉尔决定，让两艘快速的主力舰先行，希望借以稳定日本方向的局势，并与美国太平洋舰队联系起来。他的策略就是，要在太平洋中美国主力舰队遥远的掩护下，建立以新加坡为根据地的一支英国

燃烧的珍珠港

东方舰队。这支舰队到1942年春季将要拥有各种性能的7艘主力舰、1艘一级航空母舰、10艘巡洋舰和24艘驱逐舰。海军副参谋长、汤姆·菲利普被选为司令，于10月24日在"格里诺克"号军舰上升起他的司令旗。

在丘吉尔看来，"威尔士亲王"号战列舰是最好的可能制止日本企图的军舰之一，所以他将做出一切努力把它永久地抽调出去。

1941年11月，日本新首相东条英机上台。当东条英机和幕僚长以"战事或将不免"的说辞告知日本天皇时，日本天皇表示希望仍可作进一步努力以避免这次战祸，但又对东条英机说："若事态果如你所说，则除进行战争准备外，别无他法。"

与此同时，丘吉尔收到蒋介石关于日本人将在中国继续有所行动的一项措辞激昂的警告。蒋介石认为，日本人已下决心从中南半岛进攻，夺取昆明而切断滇缅公路，呼吁英国从马来亚空运援助。他在结束时说："乍看起来，你或许会以为正当贵国在欧洲与中东如此英勇作战之际，此事将使贵国卷入对日战争。余之所见不同。余不信当中国坚持抗战之时，日本尚自觉有进攻能力，唯一旦无此顾虑，彼当于其认为适当时机进攻贵国。……中国业经达到抗战之最严重关头。目前能否保卫至新加坡与缅甸之陆上通路，首先须视英美是否愿意合作以保卫云南为断。倘若日本人在此处突破战线，则吾人与贵国之联系将被切断，而贵国同美国与荷属东印度在空军与海军方面进行协调之全部机构，将以新方式并从新方向受到严重威胁。余愿尽一切力量以表示余之信念，即畀予中国以余所述之援助实属明智与有远见之举。能使日本溃败并保证现时抵抗侵略之国家获胜，舍此别无他途。切盼见复。"

丘吉尔把这项警告转给罗斯福，并提醒道："我已经收到蒋介石

东条英机向日本天皇鞠躬

要求空运援助而给我们两人的呼吁。你知道就新加坡的空军实力来说我们的处境如何。尽管如此，我当准备派遣驾驶员，甚至一些飞机，只要他们能够及时抵达。

"我们现在所需要的，就是最全面和最不容忽视的一种制止日本的方法。日本人迄今还没有做出最后的决定，而天皇似乎在施行约束。但是我们的联合禁运正逐步迫使日本人在和、战之间做出决定。

"现在看来，他们似乎会进入云南，切断滇缅公路而给蒋介石带来损害重大的后果。如果他的抵抗一旦崩溃，不但就其本身来说是一场世界悲剧，而且也会让日本人腾出大量军队来向北或向南进攻。

"中国人已经呼吁，要我们就日本人进攻云南一事对日本人提出警告，我相信他们也这样向你呼吁了。我希望你会认为这样做是适当的：提醒日本人，像这样从我们向来未承认他们有权利去驻扎军队的一个地区对中国进攻，这将是公然无视美国政府所明白表示过的态度。我们当然准备发出同样的一项照会。

"没有一项由我们自己独立做出的行动可以阻止日本，因为我们在别处已经受到那么多的束缚。可是当然，我们愿意和你们站在一起，并竭力支持你们，不论你们选定何种方针。我自己认为日本更可能是被局势卷入战争，而不大会是毅然投入战争。请将您的想法见告。"

罗斯福于11月9日答复，他怀疑日本所做的由陆路向昆明进攻的准备会不会证明日本即将推进。他将竭力根据租借法案来援助中国，并在中国成立美国志愿空军。他觉得照日本的情形，任何"新的拘于形式的口头警告或劝诫，至少会具有产生出相反效果的均等机会"。整个问题将由我们加以持续和认真的注意、研究和努力。

几天后，罗斯福还给丘吉尔发了封电报，说日本政府曾经提议在同中国谋取全面解决或全面恢复太平洋地区的和平以前自中南半岛南部撤退，而在全面恢复太平洋地区的和平之时，日本将准备从

中国空军中的美国志愿援华航空队

中南半岛完全撤退作为回报，美国应以石油供给日本，避免干涉日本在中国恢复和平的努力，协助日本获得荷属东印度的产品，并把日美的商务关系置于正常基础之上。双方应同意在东北亚和南太平洋地区不作任何武装进攻。

接着，美国提出一个《暂定条约》，打算以此约束日本，该条约附于日本自中南半岛南部撤退的条款之后，其中并未提及中国局势。美国准备接受把原来的冻结命令加以修正的一项有限的经济协定。例如，石油只可以按月供平民的需要而运出。美国这项建议的有效时期为3个月，并基于这样的一种谅解，即在此期间将讨论包括整个太平洋区域在内的全面解决办法。

当时，荷兰和澳大利亚以及蒋介石都很不满。蒋介石曾以一项激烈的抗议送达华盛顿。罗斯福显然是被日本人骗了。

★丘吉尔的警告

罗斯福的参谋在他的回忆录中曾提到：

夜间，丘吉尔先生致总统对我们的暂定条约加以评论的一封电报送到了。显然受到蒋介石给他的电报的影响，这位首相疑虑在暂定条约的影响下那位大元帅是不是只能得到"非常菲薄的口粮"。据他说，中国是使他焦虑不安的原因，而中国的崩溃将会大大增加我们的共同危险。我就这个问题同国务院的远东问题专家们再次谈论以后得到了我们应当取消这个暂定条约的结论。

虽然这个暂定条约里的项目不过包括一些为数微小的棉花、石油和几种别的商品，其数量与日本所要求的无限制供应相比是非常有限的，但是明显的是，美国舆论甚至对于以有限数量的石油供应日本也将普遍地反对。中国人激烈地反对，其他有关国家的政府不是不赞同，就是冷淡。

因此，日本会同意这个暂定条约的一点希望，并不足以保证有理由去承担那些包含在其中的危险，特别是中国士气和抵抗的崩溃以及甚至瓦解的危险。

第三章
岛国豪强梦

★ 美国人根本没想到日本人真敢动手，12月7日，珍珠港被偷袭。日本海军出动6艘航空母舰，载有400多架飞机，对美国檀香山的海军基地珍珠港发动了突然袭击。

★ 山本五十六大胆提出："以强大的航空力量摧毁敌巢，在物质和精神两方面给敌人以沉重的打击，使其在一个时期内无法复原。"

★ 为了保护属于英联邦的印度、澳大利亚和新西兰等地，英国政府决定把新加坡作为防御重点。倘若新加坡落入日本手中，其灾难之大，仅仅次于大不列颠本岛沦陷。

1. 南进计划

12月1日，日本内阁在东京举行的一次御前会议上，做出了对美国开战的决定。日本天皇未发一言。

警惕的英国情报机构和空中侦察察觉到日军有些调动和活动表明"日本行将进攻暹罗，而且这项进攻将包括海运部队夺取克拉地峡上的战略要点的一次远征"。英国人把这一情况报告了华盛顿。

美国人根本没想到日本人真敢动手，12月7日，珍珠港被偷袭。日本海军出动6艘航空母舰，载有400多架飞机，对美国檀香山的海军基地珍珠港发动了突然袭击。

这次打击使美国海军太平洋舰队有18艘军舰被击沉或遭到重创，188架飞机被炸毁，159架飞机严重损坏；美国海军官兵2403人死亡，2233人失踪和受伤。幸亏当时美国太平洋舰队的航空母舰不在港内，而日本飞机的轰炸又漏掉了海军船坞里的油库和潜艇库，否则美国海军的损失还要更惨痛一些。

"珍珠港事件"发生当天，丘吉尔在契克斯度周末。他从随身携带的小收音机中听到了令他和所有人都"不胜惊讶"的消息。丘吉尔在三分钟内便接通了罗斯福的电话，询问："总统先生，关于日本是怎么一回事？""他们已经在珍珠港向我们进攻。现在，我们大

第三章　岛国豪强梦

1941年12月7日，珍珠港被日军偷袭

家是风雨同舟了。"罗斯福坚决地回答道。

对此，丘吉尔感到十分高兴。因为，长期以来他极力促成而未果的美国参战一事，现在由日本人替他促成了。本来，他和美国人都以为，以精明著称的日本人不会把美国变成直接的敌人。但是，正如美国著名学者舍伍德所指出的那样："那些在美国和不列颠掌大权的人，在估计上犯了两个根本的错误：他们大大低估了日本人的军事实力和勇敢精神，同时又大大高估了日本人的政治精明。"

日本的袭击将美国卷入战争，这对丘吉尔来说是"最大的喜讯"。丘吉尔立即通知第二天召集议会两院联席会议，同时亲自打电话给外交部，部署他们立即办理对日宣战事宜，然后又通知召集战时内阁成员开会。

另外，丘吉尔还致信日本大使：

先生，联合王国国王陛下政府于12月7日晚获悉日本武装部队未于事前以宣战方式或以宣战为条件的最后通牒方式发出警告，即企图在马来亚海岸登陆，并轰炸新加坡与中国香港。

鉴于这类无端侵略的粗暴行动公然违反国际法，特别是违反了日本与联合王国均系订约国的有关开始敌对行动的第三次海牙条约第一款的规定，联合王国国王陛下政府派驻东京大使已经奉到训令以联合王国国王陛下政府名义通知日本帝国政府，两国之间存在着战争状态。

致崇高的敬意。

温斯顿·斯宾塞·丘吉尔

国会在15点开会，尽管发出通知的时间短促，但是国会大厅却坐满了人。按照英国宪法，国王根据阁员们的意见而宣战，因而国会只是面对既成事实。丘吉尔在发言时说：

"最重要的就是不应当低估了我们在此间，或在美国不得不遇到的那些新发生的危险的严重性。敌人已经大胆地进攻，这可能由

丘吉尔最著名的V形手势

于轻率而起，但是也可能由于自信其实力。英语世界和我们的英勇的苏联同盟国正在受到这种考验，肯定将是艰苦的，特别是在这开始的时候，并且可能是长期的。但是，当我们环视这个世界的阴暗景象时，我们没有理由去怀疑我们事业的正义性，或者怀疑我们的实力和意志力是否将足以支持这个事业。我们这边至少拥有地球上五分之四的人口。我们对于他们的安全和他们的未来是负有责任的。在过去，我们有过一道闪烁的光；在目前，我们有了一道发着火焰的光；在将来就会有一道照耀全部陆地与海洋的光。"

两院一致投票赞成这项决定。

为了保住东南亚的殖民地，英国战时内阁立刻任命已经回到新加坡的达夫·库珀为"远东事务常驻大臣"，委托他"通过战时内阁秘书在战时内阁领导下服务，并直接向战时内阁呈报。受权成立一个军事参议院，应先将其组成及所包括的地域范围呈报。这大抵将同军事方面的总司令所辖地域相符合。主要任务将是协助成功地进行远东的军事行动，所用的方法为尽可能多地解除各总司令迄今担负的额外责任和给他们以明确的政治指导。"但后来美国就"远东最高司令"一职同英国商定，替换了达夫·库珀。

英美被日本的突袭打了个措手不及。但就日本而言，却是早有预谋。日本把以苏联为作战对象向北方扩张时，称为"北进"；把以美国、英国、荷兰为作战对象向南方扩张时，称为"南进"。"南进"战略的目标就是夺取地大物博的东南亚。

东南亚亦称"南洋"，即亚洲东南部地区，范围包括中南半岛和马来群岛，陆地面积450余万平方公里，相当于12个日本大。

中南半岛，亦称中印半岛，面积206.5万平方公里，分属今天的越南、老挝、柬埔寨、缅甸、泰国、马来西亚、新加坡。地势大体上北高南低，多山地高原。环绕东南亚北部边缘的山脉为喜马拉雅山脉东侧的山岳丘陵，大河由此向南奔流，从青藏高原直抵南中国海，其中包括萨尔温江、湄公河。湄公河发源于中国西南部，流出中国以后，形成老挝和泰国的大部分边界，又流经柬埔寨东部，并在越南南端冲积形成广阔的三角洲。湄公河再加上泰国的昭披耶河、缅甸的萨尔温江和伊洛瓦底江以及越南的红河，经过年复一年的季节性泛滥，数层淤泥沉积下来，为这个地区提供了最肥沃的农业土壤。

马来群岛旧名南洋群岛，位于亚洲东南，散布在太平洋与印度洋之间的广阔海域上，是世界最大的岛群，共有岛屿两万四千多个。南北最宽3520公里，东西最长6100公里，其地理范围通常包括大巽他、努沙登加拉（小巽他）、马鲁古、吕宋（菲律宾）群岛、新几内亚岛等，陆地面积247万余平方公里，分属今天的印度尼西亚、菲律宾、马来亚、文莱、巴布亚新几内亚等国。

马来群岛是世界热带农林产品（橡胶、油棕、椰子、可可、胡椒、豆蔻）的重要生产与出口基地，主要矿藏有石油、天然气、锡、铜、铝、镍等。东南亚是连接亚洲与大洋洲的"陆上纽带"，是沟通印度洋和太平洋的"海上走廊"。马六甲海峡是连接太平洋与印度洋以及印度洋和中国南海之间的交通咽喉，是从欧洲、非洲到西太平洋海岸最便捷的海上航道。

正因为东南亚的战略地理位置重要，人力、物力资源丰富，这里早就成了帝国主义国家拼命争夺的场所。

16世纪，葡萄牙人率先侵入东南亚地区。他们以香料贸易赚取巨额利润。17世纪，英国和荷兰使用优势海军将葡萄牙人从其多数商埠中赶走。随着贸易扩张，贸易商品从香料发展到橡胶、茶叶和锡等其他原料。17世纪初叶，荷兰取代西班牙成为当时世界上最大的海上殖民强国。在荷兰政府的特许下，分别成立了以从事美洲和西非洲垄断贸易为目的的荷属西印度公司，和以从事亚洲特别是东南亚海上垄断贸易为目的的荷属东印度公司。这两个公司当时拥有荷兰政府特许的很多特权。它们不但拥有垄断贸易权,而且可以铸造货币、买卖人口、组织武装、同他国宣战、缔结条约等。荷属东印度公司以马来半岛为活动中心,控制马六甲海峡,其海上势力达印度洋和太平洋两大海域。

到19世纪,东南亚绝大部分沦为西方列强的殖民地。其中:缅甸、马来亚、新加坡和文莱成为英国的殖民地;越南、老挝、柬埔寨成为法国的"保护国",统称为法属中南半岛;印度尼西亚被荷兰霸占,称为荷属东印度(一般指今马来西亚、印度尼西亚、新几内亚和菲律宾等地区的岛屿);东帝汶被葡萄牙占领;菲律宾先是西班牙殖民地,1898年美西战争后被美国侵占。泰国是东南亚唯一在名义上保持独立的国家。

当老牌帝国主义国家基本把东南亚瓜分完毕之后,靠侵略中国起家的新帝国主义国家日本当然是不会甘心的。日本对东南亚的野心比任何一个老牌帝国主义国家都大——它要把整个东南亚吞下去。日本非常清楚,它要从西方列强手中夺得东南亚,不动用武力是不行的。所以,日本很早就策划对西方列强特别是对美国的战争。

20世纪初,日俄战争结束不久,日本就开始筹划对西方列强的战争。日本统治集团在经过多年的反复研究与多次的争吵之后,把美国作为第一假想敌国。1907年,日本陆海军经过一番激烈的争吵之后,通过了《帝国国防方针》,明确提出了"以俄、美、法为作战对象，建立能在东亚采取攻势之军备"。

《帝国国防方针》虽然把俄国、美国、法国都列为可能的作战对象，但日本对各国的海军实力特别重视。当时最大的海军强国虽是英国，但它已于1902年与日本结盟，不是作战对象；法国的海上实力不强，不会对日本构成威胁；俄国战败，国力遭到了很大削弱，舰队已被彻底打垮，短时期内也不足为患；而美国正在大力发展海军，又与日本隔洋相对，其经济、政治、军事力量正向东亚扩展，而且其国内已经出现某种排日倾向。

美国显然是妨碍日本控制西太平洋的最大绊脚石，也是在亚太地区同日本争夺霸权的主要对手。因此，日本对未来战争所进行的准备，在许多方面都以美国为假想敌国。尤其是日本海军，自日俄战争以后就一直把对美国作战作为总战略方针而进行军事准备。

第一次世界大战时，日本对德国宣战。日本海军借机迅速占领了赤道以北的德国属太平洋上的马绍尔群岛、马里亚纳群岛和加罗林群岛。战后，日本对《帝国国防方针》进行了一次重要修改，将原来的"以俄国、美国、法国为作战对象"改为"帝国依次把美国、苏联、中国作为假想敌国，主要防范此三国"。

日本对美国作战的要点是："开战之初，陆海军协同迅速攻占菲律宾的吕宋岛，摧毁敌海军基地，并歼灭当地的美国舰队，以利于海军此后的作战。"日本陆军"迅速占领马尼拉湾和苏比克湾，并将其作为日军海军的根据地"。日本海军"在奄美大岛附近集结全

经典 百年海战大观 "威尔士亲王"号覆没记

部舰队,在小笠原群岛一线配置巡逻兵力,待敌主力舰队来攻时,全力出击,将其歼灭"。

1923年2月,日本对《帝国国防方针》做了第二次修改,明确提出:"帝国特别要警惕美国、苏联和中国三国。帝国不久将来之国防,应以最有可能和我国发生冲突且有强大国力和军备的美国为目标,并以它作为主要防御对象。"

1941年12月8日,珍珠港被攻击的美军航空站

★日本将美国当作假想敌

日本《帝国国防方针》第二次修改的重大变化就是把美国排在了苏联的前面。其海军的对美作战方针是："开战之初，首先扫荡敌在东太平洋之海上兵力，与陆军协同攻占其根据地，控制西太平洋，保障帝国通商贸易的安全，使敌舰队作战困难，待敌舰队来援时，截击并歼灭之。"

日本海军很早就拟制了攻占菲律宾作战计划，将其设想的主力舰队决战战场推进到小笠原群岛一线，并准备把前哨部队部署在马绍尔群岛、马里亚纳群岛和加罗林群岛等日本委任统治地。这样，日本就把对抗美国的作战线大大向东推移了。海军认真做了对美国作战的准备，但陆军并不认为在不久的将来会发生日美战争，而且对作战计划中的"3个师用于菲律宾"的规定，认为只是给需要多少陆军兵力定出一个标准而已。

2. 风起太平洋

1936年6月，日本对《帝国国防方针》做了第三次修改。规定："帝国国防，以与我冲突可能性最大且拥有强大国力及军备的美国、苏联为目标，同时提防中国和英国。"

主要条款如下：

1. 基于国防方针，帝国军队之作战，以陆海军协同作战、抢占先机、采取攻势和速战速决为特点。为此，陆海军应迅速摧毁敌野战军及敌主力舰队，同时占领必要疆域。再者，伴随作战之进展或根据外交之需要，得以必要兵力占领战略要地。陆海军协同担任国内之防御，在不违背上述作战特点的范围内实行之。对马海峡之海上交通线，由陆海军共同确保之。

2. 以美国为敌之作战，依照下述要领实施之：首先歼灭东太平洋之敌，摧毁其活动根据地，继而歼灭来自美国本土的主力舰队。为此，海军在作战之初就应迅速歼灭东太平洋之敌舰队，以控制东太平洋，同时与陆军协同攻占吕宋岛及其附近要地和关岛的敌海军基地；敌主力舰队开到东太平洋海面时，则伺机歼灭之。陆军协助海军，迅速攻占吕宋岛及其附近要地，并协助海军占领关岛。歼灭敌主力舰队后，陆海军之作战，临机决定之。

3. 以苏联为敌之作战（略）。

4. 以中国为敌之作战（略）。

5. 以英国为敌之作战，依照下述要领实施之：首先击溃驻东亚之英军，摧毁其根据地，继而歼灭来自英国本土之敌主力舰队。

6. 以俄国、美国、中国、英国中之两国以上为敌时，一律依照2至5项实施；随形势之变化，对以上数国尽可能以一国为对象进行作战。

随着时间的推移和日本军力的发展，特别是飞机、舰艇等武器技术的改进，日本海军的对美作战地域也在不断变化。日本海军的警戒线逐渐向东推进，离美国的海外殖民地越来越近。

在日本海军的传统作战思想中，海战的主力是拥有重装甲和大口径火炮的战列舰。为此，日本不惜财力，建造了当时世界上最大的、排水量达6万吨以上的"大和"号超级战列舰和"武藏"号超级战列舰。

但是，随着航空技术的迅速发展，开始有人对这种传统的战略思想抱怀疑态度，公开提出异议。到1934年，日本海军航空兵的先驱者们开始研究用飞机攻击战列舰的战法，主张日本"废除战列舰，以航空兵为主力军"。后来，有人提出对珍珠港进行航空攻击的设想。然而，这种想法未能动摇主张"大舰巨炮主义"的海军主流派。

1936年11月，日本海军大学提出《关于对A国作战用兵的研究》（A国指美国），明确提出开战时以飞机突袭珍珠港内美国舰队的作战设想。

时任海军航空本部部长的山本五十六就是上述观点的代表人物。

山本五十六向海军大臣提出的《战备意见书》中，一改日本海军过去对美国的"邀击作战"方略，主张"在今日航空技术迅速发展的情况下，以战列舰为主力的舰队决战，决定不了战争的结局。日本从国力、军力方面来说，都远不如美国，除了开战之初就积极

经典 百年海战大观 "威尔士亲王"号覆没记

"大和"号超级战列舰

作战,先发制人,迫使敌人始终处于守势之外,恐怕再也找不到其他战胜美国的办法了"。他大胆地提出"在敌主力舰艇,特别是航空母舰停泊于珍珠港内时,乘敌不备,用飞机进行袭击","以强大的航空力量摧毁敌巢,在物质和精神两方面给敌人以沉重的打击,使其在一个时期内无法复原"。

1940年5—6月份,德国进攻西欧,荷兰、比利时、法国相继投降,英国本土面临入侵的严重威胁,形势岌岌可危。德国在欧洲的胜利使日本的当权者欢喜若狂。他们企图乘英国、法国、荷兰等国无暇东顾之机,夺取它们在亚太地区的殖民地。日本认为,一经控制东南亚的广大地区和丰富资源,不仅可解决最迫切的石油资源问题，而且还可向西发展，攻入印度洋，与德国会师，共同瓜分世界。因此，日本的"南进"派占了上风，内阁企图构建以"大日本帝国"为核心的"大东亚共荣圈"。

日本军国主义所谓的"大东亚"，即指中国、朝鲜、印度、马来西亚、缅甸、印度尼西亚、菲律宾、泰国、澳大利亚、新西兰、西南太平洋上的所有岛屿以及苏联在远东的领土。"大东亚共荣圈"不仅是一个地理概念，而且是一个政治、经济、军事、思想文化的综合实体，是以日本为宗主国的殖民大帝国。这一臭名昭著的政治术语再清楚不过地表明了日本军国主义的狼子野心。

在天皇裕仁及其追随者的眼里，整个亚洲和辽阔的太平洋，太诱人了。这里的国家，尽管很多，但都不是日本的对手，他们不是太小，就是太弱，日军不会把他们放在眼里。原来，他们还担心西欧列强会干涉，但现在看来，这种担心大可不必了。在西半球，德国已经干起来了。希特勒的铁甲军所向披靡，法国举手投降了，英国落荒而逃了，美国仍在观望，就连社会主义国家的苏联也自身难保。现在的国际形势，对日本来说，正是千载难逢的大好时机。他们只要用笔在世界地图上把亚洲、太平洋勾上一个大大的圆圈，这块地方就是他们的了。

1940年9月1日，日本政府强迫法国维希傀儡政府接受所谓"和平进驻法属中南半岛北部（今越南）"的要求。日军入侵中南半岛北部是其向东南亚跨出的第一步，为进一步进攻东南亚创造了有

经典 百年海战大观 "威尔士亲王"号覆没记

利的条件。翌年,日本迫使法国维希政府同意日军在法属中南半岛南部建立海空军基地。这就为发动太平洋战争提前占领了实施战略进攻的重要前进基地和跳板。

此外,日本还插手泰国和法属中南半岛之间的边境冲突,以"调停"的名义出现,实际偏袒泰国,促使泰国銮披汶政府倒向日本,为日军假道泰国进攻马来半岛和缅甸准备了条件。

1941年4月13日,日本与苏联缔结了《日苏中立条约》,解除了它的后顾之忧。

"武藏"号超级战列舰

众所周知，日本是个岛国，如果想远征东南亚，就必须有强大的海军作为支持。日本海军的舰队建设史最早可追溯至明治三年（1870）——当时只有3艘军舰和4艘运输船。至1889年开始设常备舰队。"联合舰队"只是战时临时的编组形式，打完仗即让舰艇归建，恢复常备舰队。日本先后有三次改常备舰队为"联合舰队"。第一次在1894年，把常备舰队和西海舰队编成"联合舰队"。其目的是为了对清朝作战。当日本打败了中国的北洋水师之后，于1895年就解散了"联合舰队"。第二次在1903年，目的是为了对俄国作战。结果是由东乡平八郎任总司令的"联合舰队"打败了俄国太平洋分舰队。战争结束后，又一次解散了"联合舰队"。第一次世界大战后至1927年，日本做梦都想搞一个"八八舰队"（即8艘战列舰，8艘巡洋战舰），只是因为有华盛顿条约的限制，日本的努力流产了。但是日本是不会死心的。日本钻了华盛顿条约的空子，不让多搞战列舰，就搞航空母舰。第三次在1921年。此后，"联合舰队"实际上成了常时编成，至1933年"联合舰队"才作为常设部队正式确定下来。此时"联合舰队"已拥有"凤翔"号航空母舰和两个航空战队。

在太平洋战争爆发的前夕，即1941年11月，"联合舰队"已膨胀为具有大规模综合作战能力的世界级大舰队，拥有占日本大中型作战舰只总数90%以上的作战舰艇。

随着南进计划的实施，"联合舰队"的规模还在继续增大。仅就商船征用量而言，在侵华战争中，日本海军征用的船只不超过20万总吨，到太平洋战争开战前已达180余万总吨。在海军航空兵力方面，日本也重新做了部署。日本"大本营"把转战于中国大陆的海军岸基航空兵于1941年初编为第11航空舰队，列入"联合舰队"建制，以便协同舰艇兵力进行海上作战训练与准备。

作战计划基本完成之后，海军在9月，陆军在10月，分别进行了有关作战计划的军棋推演。

1941年9月6日，日本在御前会议上正式通过了《帝国国策实施要领》：帝国为确保自存自卫，在不惜对美（英荷）一战的决心之下，大致以10月下旬为期，完成战争准备；帝国在进行前项准备的同时，对美英应尽一切外交手段，力求贯彻帝国的要求；前项外交谈判，如果至10月上旬仍不能实现我方要求时，立即决心对美（英荷）开战。

根据《帝国国策实施要领》，"大本营"陆军部开始将投入南方作战的兵力、物资和军需补给等陆续向法属中南半岛，中国的海南岛、华南地区、台湾岛，以及奄美大岛、小笠原群岛等地运送，进行战前部署。

到10月上旬，仍然看不出日美谈判有达成协议的希望，当时担任陆相的东条英机便采取倒阁行动。他在内阁例会上强烈要求做出对美国开战的决定。近卫文麿主张继续进行谈判，意见无法统一。东条英机恼羞成怒，在军方的巨大压力下，近卫文麿只好向天

"凤翔"号航空母舰

皇提出辞呈。次日,裕仁天皇敕命东条英机组阁。

10月17日17点,天皇裕仁在二重桥皇宫东御苑召见东条英机。

当东条英机抬头挺胸、步入辉煌壮观的皇宫时,浑身蒸发出一股热力。裕仁天皇慢条斯理地对他说:"东条英机将军,我今天代表大日本帝国皇室,授予你政府最高级委任状。"东条英机向前挪动几步,立正敬礼,然后伸出微微颤抖的双手,从裕仁天皇手中接过内阁首相的委任状,激动得不知说什么才好。

10月18日,东条英机内阁宣告成立,旋即紧锣密鼓,加快发动战争的步伐。

经典 百年海战大观 "威尔士亲王"号覆没记

东条英机

到 10 月底，陆海军统帅部分别决定了作战计划，并为南方作战达成了陆海军中央协定。杉山元陆军参谋总长和永野修身海军军令部总长一起将上述计划上奏裕仁天皇，并得到裕仁天皇批准。11 月 15 日，陆海军统帅部又进行了御前军棋推演，向裕仁天皇说明了南方作战计划。

日本"大本营"陆军部的作战计划，由日本"大本营"的基本计划和根据这个计划制订的参战各集团军的作战计划组成。

★ 东条英机的狂热

1941 年初，时任日本陆相东条英机以陆相身份签发了《战阵训》，鼓吹全军和全体"皇国臣民"应向天皇效忠，每个人都要有"献身奉公"的精神，以实现"大东亚新秩序"。1941 年 6 月苏德战争全面爆发后，日本内阁在东条英机的鼓动之下，准备"南进"，不惜与英美开战。因为东条英机认为"在中国驻军对陆军是生死攸关的问题"，绝对"不能妥协"；"如果完全屈从于美国的主张，中国事变的成果就将毁于一旦，满洲也将难保，朝鲜的统治也将陷于危机"。

此时,近卫文麿仍没有勇气直接与美国冲突,而要求陆相东条英机对重大决策应"谨慎"行事。东条英机则颇为不屑地说:"有些时候,我们也要有勇气去做点非凡的事情——像从清水寺的平台上往下跳一样,两眼一闭就行了。"近卫文麿临阵退缩,在东条英机的压力下被迫宣布内阁总辞职。处在战争边缘的日本需要一个蹚地雷的傻瓜做招牌,日本人选择了东条英机,东条英机也自觉地踏上了这一步。在就职声明中,这个战争狂人叫嚣"完成中南半岛事变,确立'大东亚共荣圈'"是帝国之国策,要在"皇威之下,举国一致,为完成圣业而迈进"。

3. 英美大意了

日本陆军南方作战计划要点如下:

作战目的:摧毁美国、英国以及荷兰在东亚的主要根据地,并占领和确保南方重要地区。准备占领的范围是菲律宾、关岛、中国香港、英属马来亚、缅甸、爪哇、苏门答腊、婆罗洲、苏拉威西、俾斯麦群岛、荷属帝汶岛等。

作战方针:在陆海军紧密配合下,对菲律宾和英属马来亚同时开始作战,争取在短时间内达到作战目的。

陆军以11个师、9个坦克团、2个飞行集团和其他直属部队作为骨干。其部队分配和使用地区预定如下：

第14集团军：以2个师为骨干，在菲律宾方面作战；

第15集团军：以2个师为骨干，在泰国、缅甸方面作战；

第16集团军：以3个师（其中2个师在完成其他作战任务后编入）为骨干，在荷属东印度方面作战；

第25集团军：以4个师为骨干，在马来半岛方面作战。

南方军直属部队：以1个师、1个混成旅、2个飞行集团（第3飞行集团、第5飞行集团）为骨干。

日本海军作战计划要点是：

海军所用兵力——除以战列舰为主编成的第1舰队留在濑户内海待命外，其他海上部队几乎全部出动。

计划是，以第1航空舰队（6艘航空母舰）为主编成突击部队，前去袭击停泊在夏威夷群岛的美国主力舰队。完成这项任务后，返回基地进行修理、补充，尔后负责保卫南洋群岛，或支援南方的进攻作战。

与此同时，第11航空舰队（岸基航空兵）全力协助陆军部队进攻并占领菲律宾和马来亚。

另外，以第2舰队为主的海上部队，活动于菲律宾海域和南中国海一带，搜索并歼灭敌海上部队，以掌握西太平洋的制海权，保障陆军部队的海上航渡安全。

以战列舰为主的日本海军第一舰队

以第3舰队为主的海上部队，为进攻菲律宾的陆军部队担任护航，并掩护其登陆；然后为进攻爪哇的部队担任护航，并掩护其登陆。

以南遣舰队（开战前临时组建的）为主的海上部队，为进攻马来亚的陆军部队担任护航，并掩护其登陆。进攻婆罗洲和西里伯斯时，亦由南遣舰队和第3舰队抽调兵力予以配合。

以第2遣华舰队（不隶属于"联合舰队"）为主的海上部队，负责支援进攻香港。

以第4舰队为主的海上部队，除为进攻关岛和拉包尔的部队担任输送、护航和支援外，还须抽出部分兵力在开战之初去攻占威克岛。

以第5舰队为主的海上部队，在日本本土以东海域警戒巡逻，防遭敌人突然袭击。

第6舰队（即潜艇部队）在临开战之前将其主要兵力部署在夏威夷一带，配合南云忠一的机动部队完成突袭珍珠港的任务；另派两支潜艇部队活动于菲律宾和新加坡一带，以便袭击敌方的海上部队。

在上述计划中，陆军以进攻马来半岛南部和新加坡为重点，海军以袭击珍珠港为重点。若在执行过程中，有敌舰队前来袭扰，除第3舰队和南遣舰队继续协同陆军作战外，"联合舰队"的其余兵力则全力以赴去截击并歼灭海上之敌。

日军"大本营"对完成上述作战计划的估计是:作战开始后,香港大约用20天,马尼拉大约用50天,新加坡大约用100天,爪哇大约用150天即能攻克。因而判断,大约用5个月的时间就能按预定计划完成对南方大部分重要地区的占领。

11月6日,日本"大本营"发布南方作战部队战斗序列令。南方军战斗序列是:总司令寺内寿一,第14集团军司令本间雅晴,第15集团军司令坂田祥二郎,第16集团军司令今村均,第25集团军司令山下奉文,南方军直属第21师、第21独立混成旅、第4独立混成团、第3飞行集团、第5飞行集团。

12月1日,日本最高领导层举行开战之前的最后一次御前会

日本"联合舰队"旗舰"长门"号战列舰

百年海战大观 "威尔士亲王"号覆没记

议,内阁阁僚全部出席。裕仁天皇听取了各有关方面的报告,得知开战准备一切就绪后,做出了最后决断:对美英荷开战,开战日定为12月8日。

日军像一条巨大的章鱼,把触须呈扇形伸向东南亚和西南太平洋——它不仅要吞掉中国香港、菲律宾、泰国、缅甸、马来亚、新加坡、加里曼丹岛、爪哇、苏门答腊、帝汶岛等要地,而且要控制中太平洋的关岛、威克岛和靠近澳大利亚家门口的新几内亚岛。

在日军积极准备南进时,美国、英国等虽然也进行了一些作战准备,但与日本相比,就差得太多。

美国在选择太平洋大型海军基地时,曾经面临两种选择:一是菲律宾,二是夏威夷。如果选定菲律宾,还有个选择苏比克湾还是马尼拉湾的问题。尽管陆军方面强烈主张把基地设在菲律宾,但最后美国还是选中了夏威夷瓦胡岛的珍珠港。当时主要考虑是珍珠港基地不仅能保卫夏威夷群岛,而且将成为防卫美国整个太平洋沿岸地区的一个缓冲地带,并使美国海军在太平洋地区处于优势地位。

夏威夷群岛位于太平洋的中央偏北,距离美国本土2000海里,距离日本3500海里,由20个大小岛屿组成,全群岛由火山岩和珊瑚礁构成。由东往西有夏威夷岛、毛伊岛、莫洛凯岛、瓦胡岛、考爱岛等大岛,全部面积与日本的四国岛相近。珍珠港位于瓦胡岛内,周围水域宽阔,水深可泊巨轮,是个理想的大型天然军港,而且港口只有一个出入口,所有船只只能从一条长长的水道进出,最窄的地方一次只能通过一艘大船。有位美国将军把珍珠港称作"该死的捕鼠器"。也就是说,作为军港,珍珠港有有利的一面,也有不利的一面。有利的一面是易于组织基地防御,敌舰队如果从水上进攻珍珠港,那可是比登天还难。不利的一面是万一有事时从港内向外疏散非常困难。美国的战略策划者只看到了珍珠港的有利的一面,而忽略了它的不利的一面,而日本的战略策划者正好看到了它的不利的一面,策划了空袭珍珠港的好戏。

太平洋上的基地虽选定了夏威夷,但如何保卫距此4750海里的菲律宾?问题仍未解决。于是,作为补充方案,决定在菲律宾建设乙级海军基地。海军本来希望基地设在苏比克湾,但陆军以该地不能防御来自陆上的攻击为理由坚决反对,提出设在马尼拉湾甲米地为宜,而把防御集中于马尼拉湾及其周围地区。这个补充计划,促成了马尼拉湾口的科雷希多岛要塞化,以掩护海军基地甲米地及马尼拉市。

然而,只靠马尼拉湾的防御和科雷希多岛的要塞化,还不能保障菲律宾的防御。绝对必要的条件是要有一支强大的舰队驻在菲律宾基地,因为一旦失去制海权,敌人的地面部队就会大举进攻,菲律宾的守军也许在等待从珍珠港西进的舰队来援之前,就支撑不住了。

日本在1931年入侵中国后,美国担心停止美日间的贸易会促使日本入侵荷属东印度群岛,因而继续向日本出口侵华战争所急需的石油、废铁和飞机部件等战略物资。1938年,在美国向日本出口的物品中,有67%是战略物资。1941年,仅前7个月美国运往日本的石油就达万余桶。英国、法国在与日本的外交谈判中上演"远东慕尼黑"闹剧。英国三军参谋长会议认为,英国是否派遣舰队去新加坡,"必须取决于我们的人力、物力和欧洲的战况"。种种明显放弃远东的信号使当时的亚洲舰队司令哈里·亚内尔都坐不住了。他自上海报告说:"英国雄狮被人拳打脚踢,达到惊人地步,可它还在忍受着。"

1941年春,美英两国参谋部代表在华盛顿举行会议,共同磋商和协调了全球战略,并签订了《ABC-1参谋协定》。在此协定中载明:"双方一致认为德国是轴心国的主要成员,大西洋和欧洲战场是决定性的战场……如果日本参战,我们在远东的军事战略将是防御性的。"

为了加强美国在大西洋的海上兵力,海军作战部长斯塔克根据1940年的"两洋海军"法案和总统指示在编制体制方面进行了必要的调整:以原来的大西洋分遣舰队为基础组建了大西洋舰队,把驻珍珠港的舰队编为太平洋舰队,将驻菲律宾的一支有限的海军部队改称为亚洲舰队(旨在增强对日本的威慑作用),并把3艘战列舰、1艘航空母舰("约克城"号航空母舰)、4艘巡洋舰、2个驱逐舰大队,从太平洋调往大西洋。

美国战略方向和战略重心的大转移,造成太平洋方向军事力量对比失衡。到日本袭击珍珠港之前,美国在太平洋的2支舰队舰艇兵力的总和,同日本海军相比,都明显居于劣势。

太平洋舰队的实力被大大削弱。这使1941年2月走马上任的太平洋舰队司令金梅尔焦虑不安。他发给美国海军作战部长斯塔克的一份长达11页的备忘录中大发牢骚,抱怨"太平洋舰队海上兵力不足"。他悲观地指出:"随着近来许多最现代化和最有战斗力的分遣舰队被相继调出,留下来的舰队能否完成可能被分配的任务,就值得怀疑了。"

停泊在珍珠港内的美国太平洋舰队

百年海战大观 "威尔士亲王" 号覆没记

7月，美国陆海军联合委员会预感到与日本打仗将不可避免，决定在菲律宾成立远东陆军司令部，任命麦克阿瑟为司令，统管该地的陆军和空军。

战争爆发时，美国部署在菲律宾的陆军为1个师又2个独立团，菲律宾政府组织起10个步兵师，两者共计约13.4万人。其中：美军1.2万，菲律宾军队1.2万，民兵11万人。驻菲律宾的亚洲舰队辖有3艘巡洋舰、13艘驱逐舰、29艘潜艇以及其他小型舰艇若干，除了一部分潜艇是新造的，其他舰艇都较陈旧，战斗力极其有限。

英国在亚太地区的防御力量也很薄弱。马来亚和新加坡是英国的殖民地。1921年，英国的防务委员会决定将新加坡变成"东方的直布罗陀"，开始在那里建设海军基地。随着亚太地区形势的变化，英国于1939年向新加坡增派了步兵旅和轰炸机队等兵力，还加强了马来亚地区的防御。1940年10月，英国在新加坡设立了远东司令部，统一指挥马来半岛、缅甸、婆罗洲和中国香港等地的英联邦军队。

为了保护属于英联邦的印度、澳大利亚和新西兰等地，英国政府决定，把新加坡作为东方防御的重点。英国认为，新加坡倘若落入日本手中，其灾难之大，仅仅次于大不列颠本岛沦陷。

太平洋战争爆发前，英国政府就一直筹划往远东太平洋地区派驻一支强大的舰队，作为威慑力量，遏止日本南下侵略野心。但是欧洲战局吃紧，无法抽出主力舰只充实远东舰队。

★丘吉尔为保开罗，失去了新加坡

第二次世界大战时，英国有许多海外殖民地需要保护，谁先谁后，英国政府也难以抉择。丘吉尔曾回忆："虽然如此，如果日本对我们开战的话，我们对本国防务所抱的信心却不能扩展到远东……新加坡和开罗，这的确是一个令人悲痛的问题，正如要让你选择你的儿子还是女儿谁将被杀死一样。就我来说，我不相信，任何发生于马来亚的不测所造成的损失，足以抵得上丧失埃及、苏伊士运河和中东的五分之一。我不能容忍放弃为埃及而斗争的想法，所以就决心情愿在马来亚付出任何被勒索的代价。我的同僚们也有这种看法。"

4. 远东危机

1941年，日本企图南进的迹象日益明显，驻守新加坡、马来亚、缅甸和中国香港的英军深感防御力量薄弱，纷纷要求增兵。但英国这时已把主要兵力投入欧洲和北非战场，无力增加东方的防御。

丘吉尔多次提出希望美国派遣舰队进驻新加坡，均被罗斯福拒绝。从战争指导方面来看，英国当局对开战时间做了错误估计。直到太平洋战争爆发前一个多月，英国领导人还武断地说，在德国打败苏联之前，日本不会在太平洋发动战争。因此，英国在东方的军事力量薄弱、部署迟缓，临战准备相当不足。

8月，远东地区战云密布，面对日本海军咄咄逼人之势，英国皇家海军部才决定派出1艘航空母舰和6艘主力舰只前往太平洋地区。但由于保卫英吉利海峡的需要，拟议中的调动计划迟迟未能付诸实施。直到10月，远东战争危机进一步加剧，在丘吉尔出面干预下，海军部才不得不派出"无敌"号航空母舰、"威尔士亲王"号战列舰、"反击"号战列巡洋舰，在新任远东舰队司令菲利普的率领下开赴远东。

不幸的是，原计划派出的载有70多架舰载机的新式"无敌"号航空母舰在途中不慎触礁，只得返回基地维修。这样，以"威尔士亲王"号战列舰和"反击"号战列巡洋舰为主力的远东舰队便失去了强大的空中掩护。

英国菲利普到达新加坡出任远东舰队司令。这时，新加坡在航的英国军舰共有：1艘战列舰和1艘战列巡洋舰、3艘巡洋舰、4艘驱逐舰、2艘炮舰和2艘辅助巡洋舰。另有1艘巡洋舰、5艘驱逐舰和2艘潜艇，正在进行改装与修理。

在日军进攻之前，英联邦部署在马来亚和新加坡的陆军部队共8.8万人，其中英军1.9万人、澳大利亚军1.5万人、印度军3.7万人、马来亚军1.7万人组成，其装备训练均较差。空军部队只有158架飞机，而且机型大多较为陈旧。

荷兰由于本土已被德军占领，无力增强荷属东印度的防御，在太平洋地区仅有几艘轻巡洋舰以下的水面舰只和潜艇，其作战能力可想而知。

就海上力量而言，美国、英国、荷兰等同盟国的海上力量，虽然在军舰的数量上与日本相差不大，但在舰艇的质量上却大不一样。同盟国方面的军舰大都较陈旧，而日本的军舰有许多是较新的，装备较好，航速较高。在战列舰中，唯有英国的"威尔士亲王"号战列舰可与日本的战列舰相媲美。差距最大的是关键性舰种——航空母舰方面，同盟国与日本之比为3∶10，日本大占优势。

在"先欧后亚"战略方针的指导下，美国、英国、荷兰、澳大利亚等同盟国部署在东南亚的陆军兵力也不多，全部加起来不过30.6万人（部分当地部队未包括在内），646架飞机。

日本投入南方作战的陆军兵力为11个师，其作战部队为25万人，连同后勤部队，共约40万人。从数字上看，作为进攻方的日军并不占优势。但是，美国、英国、荷兰等国的军队基本上是分兵把口，各自为战，而日军可逐次集中优势兵力，举其全力进攻一地或二地，得手后再转移战场，各个击破当地守军。这样一来，日军每战皆可造成数量上的巨大优势，保证其战略进攻顺利展开。

在航空兵力方面，日军为进攻东南亚抽调了66个航空队，共700余架飞机，此外还派第11航空舰队所属的480余架海军岸基飞机予以加强。与盟军的646架飞机相比，显然占有很大优势。日军在航空兵力方面的优势，还不光表现在数量上。同盟国方面除美军在菲律宾配置的35架"B-17"型远程轰炸机外，其他飞机都较为陈旧，而日军的飞机多半较新，其"零"式战斗机堪称战争初期最优秀的战斗机。

在美国檀香山时间1941年12月7日7点，珍珠港遭到偷袭的时候，山下奉文指挥的第25集团军已经踏入马来亚。该集团军的先遣部队——第18师佗美浩支队（以第18师第23旅旅长佗美浩指挥的第56步兵团为基干）开始攻击马来半岛北部的哥打巴鲁，时间早于珍珠港2小时。

"反击"号战列巡洋舰

日军"大本营"原来计划的开战时间为檀香山时间 12 月 7 日 6 点整。基本设想是,海军对珍珠港的突袭最先开始,紧接着在马来半岛、中国香港等地登陆,同时对新加坡、马尼拉等地组织空袭,并向关岛、威克岛等地发动进攻,但由于南云忠一的机动舰队中有一个航空战队尚未完成训练准备工作,遂决定将突袭珍珠港的时间向后推迟两个小时。

考虑到马来半岛登陆的时间若推迟,当地即将天明,对实施敌前登陆非常不利,而且考虑到上述两地相距甚远,依当时的通信情况看,马来半岛登陆的消息不会在两个小时之内传到夏威夷,所以决定陆军仍按原定时间开始作战。

本来,马来半岛的枪声在袭击珍珠港之前两个小时打响,对以偷袭形式开始的作战是一个致命的问题,但日本的这一失误让英美的惊慌失措给掩盖了。

马来半岛东临南海(太平洋),西接孟加拉湾(印度洋),南毗新加坡,西南隔马六甲海峡与东印度群岛的苏门答腊相望。

新加坡地处太平洋与印度洋之间航运要道马六甲海峡的出入口,为东南亚最大的交通要冲,它扼制着马六甲海峡的咽喉,战略地位十分重要。

对日本来说,以这一地区为根据地,南下可取东印度群岛,北上可占领缅甸,封闭西方国家同中国的陆上通道,西进可入印度洋,与德国在欧、非两洲的作战相呼应,还可切断西方国家同中东地区之间的海上交通。

因此，在日军"大本营"制订作战计划时，陆军最关心的是作战伊始的马来半岛和新加坡登陆作战。日军预计马来亚战役必定是一场难打的硬仗。因为马来亚作战要从远距离渡海登陆开始，陆上要突破马来半岛上长达1000多千米的层层阻击，要击溃盟军海上与空中的抵抗，最终要攻占的新加坡是有"东方直布罗陀"之称的现代化要塞。

为此，日军决定把最精锐的部队押上去：让装备精良的第25集团军担任马来作战的主力，让陆军航空兵实力最雄厚的第3飞行集团（司令菅原道大）担任第25集团军的空中支援。为了支援第25集团军的登陆行动，日本海军专门组成一支以小泽冶三郎指挥的南遣舰队为主的马来编队。

第25集团军下辖第5师、第18师和近卫师。当时日本陆军只有3个机械化师（近卫师和第5师、第48师），第25集团军就占了2个。后来，日本"大本营"又派遣第56师予以加强。上述部队装备210辆坦克、560余架飞机。

指挥第25集团军的，是山下奉文。

山下奉文是个典型的法西斯军人，"七七事变"后，山下奉文奉命率部到华北参战，并晋升中将。因其指挥所部攻南苑、战长辛店、袭击廊坊，大肆屠杀中国军民而于1938年7月升任侵华日军华北方面军参谋长。

1941年11月,他被任命为第25集团军司令,负责指挥马来亚方向的作战。他手中握有4个精锐师、210辆坦克、800架飞机、46艘舰艇,总兵力达11万人。

12月2日,"大本营"陆军部向南方军下达了开始进攻作战的命令。对英属马来亚的作战要领是:击溃该方面之敌,攻占其要地,尤其是攻占新加坡,摧毁英国在东亚的根据地。

以第25集团军(司令山下奉文)、第3飞行集团(司令菅原道大)和南遣舰队(司令小泽治三郎)为骨干的部队,以其先遣兵团于作战第一天奇袭登陆,迅速占领和整修航空基地。陆海军航空部队在作战的第一天,由法属中南半岛南部出击,主要对英属马来亚方面的敌空军兵力及舰艇进行先发制人的空袭。

如果英方戒备甚严,英军派出舰艇出没于暹罗湾,认为登陆的可能性很小时,日军计划陆海军航空部队配合作战,在作战第一天以后,攻击敌空军兵力和舰艇,同时先遣兵团以少数奇袭部队自法属中南半岛西海岸出发,于作战第一日中午左右力求隐蔽进入停泊地,并在洛坤以及宋卡、北

山下奉文

大年附近奇袭登陆，迅速占领和整修航空基地。先遣兵团的主力应在作战的第二天以后开始登陆，并扩大奇袭部队的战果。

12月4日，山下奉文发布命令："以最快速度攻占新加坡，消灭英国远东根据地。"清晨6点30分，他率登陆舰队从海南岛的三亚港起航，向马来半岛进发。

日本陆军第25集团军对马来半岛的进攻，兵分两路：一路是在太平洋战争爆发之前已经进占法属中南半岛南部的近卫师，从陆上进入泰国，协同第15集团军占领曼谷后，沿马来半岛南下；另一路是第5师、第18师，分批从海上登陆。

从海上杀向马来半岛的第一批部队为第5师。此时，这支部队正在山下奉文率领下分乘20艘运输船，由6艘巡洋舰和14艘驱逐舰护航向南疾进。当时的马来半岛正是雨多风大的季节。舰队在航行中几乎天天碰到坏天气，海浪常常高达2米，水天一色，灰沉沉的，能见度很差。可是，山下奉文心里却很踏实。他心里想：此次马来作战以奇袭为目标，这样的天气虽然给登陆带来一定困难，但更易于我隐蔽行动，可能连敌人的侦察机都懒得出来吧！

为登陆输送船队担任前卫的驱逐舰在航途中先后三次遇到外国商船，都强令它们向西调整航线，没有让它们与船队发生接触。但6日15点，船队进至金瓯半岛以南海域（D点）时，还是被英军派出的巡逻机发现了。如按原定航向继续前进，肯定会引起英方警觉，登陆输送船队就有被英国航空兵歼灭于海上的危险。怎么办？山下奉文一面与南遣舰队司令小泽治三郎商量对策，一面命令司令部向南方军总司令如实报告情况。南方军发给东京"大本营"的"预定在马来登陆的我第25集团军的船队可能已被敌人发现"的电报，着实让"大本营"焦急万分，如坐针毡，紧张万分。

此时，伦敦和新加坡的英军首脑们，也和东京"大本营"的头头们一样，处于一片惊恐与慌乱之中。

对于日本的蠢蠢欲动，英国早有察觉，也相应在兵力和部署上做了一些准备。英军判断日军主力部队一定从海上来，登陆地点可能是宋卡、北大年、哥打巴鲁等地，因此在这些地方都部署了较强的守备兵力，而且都建设了机场。英军也想到了日军还会从陆上来，为此特别制订了"斗牛士行动计划"。可是，这一切都是被动的，都是心有余而力不足，面对日军咄咄逼人的气势，他们自己都觉得底气不足。

在新加坡，英军远东司令部接到飞机发回的告急电报后，立即召开紧急会议，并把日军出动大规模船队的情况报告伦敦总部，请示对策。

在伦敦，丘吉尔召集三军参谋长马上举行紧急会议，根据最新情报分析日军的行动企图和英军的对策，但始终难于在"是真开打"还是"吓唬吓唬"二者之间做出明确判断。最后，他只决定了一件事：命令远东部队全体处于战斗戒备状态。

英军远东司令部接到伦敦总部的暧昧指示后，更没有主意了。他们就是否实施"斗牛士行动计划"，派遣印度第11师跃过边界进入泰国，阻止日军入侵宋卡和北大年这两个战略港口，争论了大半天。最后，他们决定只把先遣部队派到己方边界，以免给日本人发动进攻提供借口。

6日晚，山下奉文决定先给英国人玩个"声东击西"再说。他命令船队驶至金瓯角西南时，转向西北，驶进暹罗湾（泰国湾），做出一副要开往曼谷、旨在切断印缅与中国之间的运输线的样子。这一招真骗过了英国人。

★山下奉文与"二二六事件"

1936年2月26日，日本皇道派青年军官不满长期以来统制派的压制，策划发起了"二二六事件"。在事变的处理上，皇道派首脑自然持同情和支持态度。然而在第二天，裕仁天皇对叛军下达了镇压的命令，称"如陆军大臣无能为力，朕将亲率军队平定叛乱"。形势对皇道派急转直下。29日，叛军阵容瓦解，"二二六事件"以失败告终。

事件平息后，陆军立即开始强制实行大规模"肃军"，皇道派受到空前的清洗。山下奉文被贬到朝鲜龙山的步兵第40旅团任旅团长，离开了陆军省，但其周围的同僚都知道他曾是权力中心的人物，只因"二二六事件"被"贬"至此，所以多少对他有几分敬畏。连日本驻朝鲜的总督都越过军司令和师团长等,直接与其商讨问题。

山下奉文因"二二六事件"震怒裕仁天皇,心存歉疚。每次谈起时,就说:"做了对不起陛下的事情,不努力赎罪可不行。"为了表示虔诚,他总是不顾办公室的实际,将自己的办公桌朝向日本东京方向,以示敬意。

第四章
海上争霸

★ 日军"淡路山"号运输舰先后中弹16发,船体中央发生大爆炸,被炸毁的士兵随着爆炸气浪和火焰飞上夜空,又迅速落入海里,舰体断为两截,慢慢沉入海底。

★ "威尔士亲王"号战列舰和"反击"号战列巡洋舰一马当先,在4艘驱逐舰的分列两侧护卫下,正在以18节的速度劈波斩浪,向北行驶,目标直指位于马来半岛北部的宋卡。

★ 一头吃夜草的水牛踩响了英军在海岸边布设的地雷,引起一连串爆炸。当地守军草木皆兵,误以为是日军登陆了,慌忙向新加坡英军总部报告了情况。

★ 9架日军鱼雷机巧妙地从几个不同方向,一架接一架地交叉俯冲攻击。炮手们来不及及时掉转炮口。"反击"号战列巡洋舰先后被4枚鱼雷击中,接连发生爆炸。

1. 全面进攻

12月7日上午,英军侦察机看到日军舰船在暹罗湾里浩浩荡荡向北开去,便放松了监视,向上级报告了情况。英军指挥部判断日军可能首先在曼谷登陆,尔后才会从陆上越过克拉地峡南下,那样的话,他们已经部分实施了"斗牛士行动计划",可以暂时放心了。

其实,这支登陆船队于7日12点突然转向,分兵三路,一路驶往洛坤,一路驶往泰国的北大年、宋卡,一路驶往马来亚的哥打巴鲁。

8日零时前后,分开行驶的各输送队驶抵各自的指定水域后开始换乘登陆艇,准备登陆。

在泰国南部宋卡登陆的日军第25集团军主力部队未发一枪,于8日上午7点30分在宋卡海面轻易就登陆上岸了;在稍南一点的北大年地区登陆的第5师先头部队也只遇到泰国部队的轻微抵抗,登陆十分顺利。各地的登陆部队上岸后,迅速抢占附近的机场。8日天明后,日军航空兵对马来半岛英军的机场和新加坡航空基地进行多次空袭,基本掌握了战场上的制空权。

在泰国宋卡的登陆,不仅骗过了敌人,而且让当地的日本驻外官员也大吃一惊。

第四章 海上争霸

12月8日零时，第5师主力乘船到达马来半岛东海岸的宋卡和北大年时，迎接他们的是死一般的寂静。这种情况证明了日军战前的情报和判断准确无误，泰国军队在这一带海岸没有设防。在日军强攻之下，很快就占领了泰国宋卡市警察局。不久，传来泰国当局与日军达成妥协的消息，泰国军队没怎么抵抗就被迫全面停火了。

分兵三路的部队中，只有攻打哥打巴鲁的佗美浩支队遇上了硬骨头。8日1点30分，第一批登陆艇向岸上冲去。由于风急浪高，小艇随波起伏，颠荡不止。士兵们一个个手牵着手，艰难地从运输舰上下到登陆舟艇上，仍有人不小心被风浪吹落到海里。

这时，英军海岸防御观察哨发现了海面上的入侵舰队，海岸阵地上响起了刺耳的战斗警报。守卫海岸阵地的是由印度雇佣兵为主组成的英军第9步兵师，约6000人。他们已经沿海岸丘陵地带布置了炮兵射击阵地、防御工事和掩体，重炮、野战炮、迫击炮和机关枪组成远近交叉杀伤火力。前沿阵地布满了铁丝网，碉堡里架有72挺机枪，还配有40多辆装甲车作为预备队随时准备出击。英国人在这里预先建筑起坚固的防御体系，而且对可能的入侵十分警觉，日本人的奇袭计划成了泡影。

日本人听到英军警报声，知道奇袭已经不可能了，于是护航的4艘战舰率先炮击英军防御阵地。几乎在日军舰炮射击的同时，英军阵地上的大炮也齐声怒吼起来，炮弹划破夜空，急风暴雨似

经典 百年海战大观 "威尔士亲王"号覆没记

1941年冬日军入侵东南亚

的落在登陆艇周围,掀起十多米高的水浪。大批日军被浪头打下船去,有的炮弹落在登陆艇上,顿时艇仰人翻,被大海吞没了。在倾盆大雨、惊涛骇浪和猛烈的炮火袭击中,日军首批登陆行动举步维艰。

由数井孝雄率领的一批登陆艇,冲在最前面,因而死伤惨重。他见形势不妙,立即命令士兵跳下登陆艇,泅水上岸,自己率先游上海岸沙滩后,指挥部队冲锋,但是刚刚冲上沙滩就被岸边碉堡里射来的弹雨压住了，冲到铁丝网前的日军死伤过半。

数井孝雄见他的部下冲击受挫，气得嗷嗷直叫，疯狂地跳起来冲向铁丝网，用军刀乱砍猛劈，在铁丝网上砍开了一个缺口。数井孝雄等人几乎要冲到碉堡前时，一排子弹扫射过来，数井孝雄身上弹洞如网，血流如注，一命呜呼。英军碉堡里又投出大批手榴弹，炸得日本兵血肉横飞，鬼哭狼嚎，无一生还。

第一波攻击就这样被击退了。还没有上岸的其他日军只好退回到海水里去，不敢让脑袋露出水面。这时，英军飞机赶来轰炸。投下许许多多的照明弹，把海面照得亮如白昼。英军飞机在日军运输舰上空盘旋，为海岸炮兵指示目标。鏖战正酣的英军炮兵借助照明弹的亮光不断调整射击目标，一发发炮弹落在运输舰上，爆炸的气浪滚滚冲天。

不久，日军"淡路山"号运输舰中弹起火，火光映照得四周如同白昼，使其巨大的舰体暴露无遗，成为最明显最有吸引力的大目标。不一会儿，"淡路山"号运输舰先后中弹16发，船体中央发生大爆炸，被炸毁的士兵肢体随着爆炸气浪和火焰飞上夜空，又迅速落入海里，舰体断为两截，慢慢沉入海底。船上残存的士兵纷纷跳入大海，挣扎着浮出水面，拼命向岸边或就近的舰船游去。

这是日军在太平洋战争中沉没的第一艘大型舰只，是日军在燃烧的东南亚战火中付出的第一个重大代价。

英军的战斗机见这个庞然大物已经沉入海底，便转而向其他运输舰开火射击，致使"绫户山"号运输舰和"佐仓"号运输舰先后受到重创，舰船甲板上火光冲天。陷入绝境的日军第二波攻击队和第三波攻击队残余力量反而斗志更盛，发起殊死搏斗。但是指挥登陆作战的佗美浩见状，决定暂时停止卸载，命令受到重创但还能航行的"绫户山"号运输舰和"佐仓"号运输舰火速向北大年方向暂时退避。

日军护航舰队的高射炮迅速组织起防空火力，不久就击落7架英军战斗机。登陆士兵不顾死活地拼命游上岸来，先头部队在滩头快速挖出一些散兵坑，开始逐步攻占滩头阵地。随着上岸士兵不断增加，日军积聚起更大的攻击力量，渐渐扩张战果，不断扩大阵地。

经过4个多小时激战，日军从海岸线推进1.5公里，完全控制了英军海岸防御阵地。后续部队不断登陆上岸。

从陆上进攻泰国的近卫师几乎没打几枪就进占了泰国。12月8日1点50分，日本大使把最后通牒交给了泰国外交部部长。不久，泰国总理与日本达成妥协，下达了停止抵抗的命令。

在日军登陆战役开始后，担任空中掩护的日军第3飞行集团就对马来半岛机场和新加坡海军基地实施大规模轰炸，迫使英国空军退缩到新加坡地区。日军第22航空队于8日拂晓长驱直入，袭击英军空中力量，9日下午空袭关丹机场，两天击毁英军50架飞机，使英军空中力量遭受重创，作战能力损失1/3以上。此后，日军掌握了作战区域的制空权。

8日黎明,日本"大本营"收到山下奉文发给陆军参谋总长的报捷电报,电文称:"8日4点我军奇袭成功!"接着,又陆续收到夏威夷、菲律宾方面发来的告捷电报,日本"大本营"这才放心下来。

几乎就在马来战役打响同时,日军在关岛、菲律宾、威克岛和中国香港也发起了进攻,把战火一下子燃烧到太平洋广大地区。

驻新加坡的英国远东舰队司令是刚刚上任两个月的菲利普。他身材矮小,人称"大拇指汤姆"。但是,他性格刚强,具有不折不

攻占菲律宾的日军

百年海战大观 "威尔士亲王"号覆没记

挠的意志。他是一位资历很深的高参，此前是英国皇家海军部的副参谋长。长期在统帅机关的阅历使他既缺乏指挥大部队实施海上作战的实际经验，又养成了过于自信的毛病。

太平洋战争爆发前，英国政府一直筹划在远东太平洋地区派驻一支强大的舰队，作为遏止日本南下的威慑力量，但因欧洲战局吃紧，没能实现。直到1941年10月远东战争危机进一步加剧，在丘吉尔出面干预下，海军部才不得不派出"无敌"号航空母舰、"威尔士亲王"号战列舰、"反击"号战列巡洋舰，在新任远东舰队司令菲利普的率领下，开赴远东。"无敌"号航空母舰途中不慎触礁，不得不返回基地维修。这样，舰队便失去了空中掩护。不过，菲利普心存侥幸。他认为海上决战毕竟靠的是战列舰，航空母舰只能提供空中掩护，有时没有空中掩护照样也可以打胜仗。

在前往新加坡一个多月环绕半个地球的航行中，菲利普出足了风头。

在南非德班和开普敦停留期间，菲利普组织当地名流登舰参观，与当地水兵举行联谊活动，安排记者招待会，好不风光。他还邀请南非总督斯玛茨检阅舰队，给水兵发表讲话，使士气大增。英国远东舰队的强大阵容，未到新加坡之前，就被BBC的广播传遍了全世界。

菲利普率"威尔士亲王"号战列舰和"反击"号战列巡洋舰浩

浩荡荡驶抵英军在远东的大本营——新加坡,使英国在远东的防御如虎添翼,也使日本人平添了几分焦虑,几分忧愁。

日本人的焦虑不是没有道理的:"威尔士亲王"号战列舰是当时世界上最先进的战列舰之一,虽然服役时间不长,但是已经有了一连串的光辉业绩。最值得一提的是1941年5月参加了围歼德国新式战列舰"俾斯麦"号战列舰的战斗,1941年8月丘吉尔乘坐该舰参加美英两国首脑在纽芬兰举行的"大西洋宪章会议",罗斯福兴致勃勃地登上该舰与丘吉尔会晤,并且在甲板上一起做礼拜仪式。

停泊在新加坡基地的"反击"号战列巡洋舰

百年海战大观 "威尔士亲王"号覆没记

"反击"号战列巡洋舰体积吨位比较小，舰龄比较长。该舰满载排水量38300吨，舰体长229米。1915年开始建造，1916年服役，参加过第一次世界大战，已经有25年服役时间。该舰曾经在第二次世界大战前进行过现代化更新改造，作战性能虽不及"威尔士亲王"号战列舰，但仍然颇具威力。

12月5日，菲利普飞抵马尼拉，同麦克阿瑟和哈特讨论可能采取的联合行动。哈特同意让美国的4艘驱逐舰加入菲利普的舰队。两位海军上将都感到新加坡和马尼拉在这时都不是一支"联合舰队"的适宜根据地。次日，消息传来，有一支庞大的日本海运部队远征军已经进入暹罗湾。

菲利普于7日早晨返回新加坡。在8日午夜后不久，据报在哥打巴鲁有敌军在进行登陆，以后又据报，在宋卡附近和北大年也有敌军在进行登陆。日本对马来亚的一次大规模入侵已经开始了。

日本对马来亚的袭击，是在袭击珍珠港几小时以内发生的。菲利普认为，在敌人离船登陆时予以攻击是他的职责。在一次高级军官会议上，大家都一致认为海军不能在这危急阶段置身于战事之外。他把他的意图报告了海军部。他要求新加坡空军司令部把战斗机调到北部飞机场，并要求空军给予最大协助——即在他的舰队以北100海里地区进行侦察。而事实上，英国飞机已经被日本空军炸得无法出战了。

★菲利普的大意

菲利普得知日军已经动手,意识到英国远东舰队的威慑使命已告失败,但也不能让这支舰队在日军进攻面前无所作为,更不能让军舰在港内等待日本飞机来炸。在他看来,手中的军舰虽然不多,但其战斗力还不算弱,特别是"威尔士亲王"号战列舰和"反击"号战列巡洋舰颇具威力。于是,他决意亲率"威尔士亲王"号战列舰、"反击"号战列巡洋舰以及4艘驱逐舰去袭击日军。

2. 危机四伏

12月8日12点30分,Z舰队的指挥官、舰长和高级参谋军官在"威尔士亲王"号战列舰上召开了一次决定性的会议。

菲利普目光呆滞,一张汗涔涔的脸上布满愁云。他首先用尖厉的嗓音概述了面临的军事形势。他说:日军已在哥打巴鲁、宋卡、贴帕和帕塔尼登陆成功,预计日军还将遣送部队上陆,中南半岛和暹罗——马来亚海岸之间的航线将有大量日本运输船往返航行。

接着,菲利普提出了Z舰队的行动计划:8日黄昏前驶离新加坡,出航后,驶向亚南巴斯群岛以东,然后转向北,到达柬埔寨以南150海里处——这里刚好位于西贡机场日本飞机的作战半径(200海里)以外;10日黎明抵达宋卡附近,奇袭敌人的运输船和护航军舰；最后沿马来亚海岸，以最高航速返回基地。

菲利普解释说，这次出击的胜利取决于突然性、航速、战斗机掩护和在行动地域以北的空中侦察，如果上述条件得以实现，舰队一定能摧毁对陆上增援的敌人部队，并切断其补给。

会议在一片随声附和的声浪中结束。会后，菲利普向新加坡总部提出给予空中掩护的请求。然而，对方于当日16点通知菲利普说，可以为Z舰队提供空中侦察，但能否给予战斗机掩护尚难肯定。在这种情况下，菲利普依然固执地坚持原定计划。

8日下午，日本飞机偷袭珍珠港的消息传到了新加坡。虽然详情尚不确知，但有一点是显而易见的：英国、美国两国海军完全低估了日本海军航空兵的技术水平和突击能力。他们实施北上袭击实在吉凶难卜，因为他们凭借的只是兵力单薄的驱逐舰的屏障、舰炮人力和装甲的防护，以及可能得到的寥寥数架战斗机的掩护，而他们需要抗击的却是日本众多的潜艇、大量的飞机和强大的水面舰队。

日本第22某航空战队是日本海军中作战效率最高的航空兵部队之一。司令是松永贞市，下辖3个航空队：美幌航空队、银山航空队和鹿屋航空队。美幌航空队和银山航空队各拥有48架"96"式攻击机，鹿屋航空队拥有48架"一"式陆上攻击机。上述两种飞机均可携带225公斤、450公斤或720公斤的炸弹，或者携带91型鱼雷。此外，第22航空战队还拥有36架"零"式战斗机和1个

日军"96"式攻击机

侦察小队（6架"89"式陆上侦察机）。

为了实施南方作战，1941年10月，第22航空战队移防。美幌航空队和银山航空队由台湾南部经海南岛转移至西贡附近的上龙木机场和朔庄机场。第22航空战队司令部设在西贡。11月末，当得悉英国2艘主力舰离开科伦坡前往新加坡时，日本海军军令部决定进一步增强东南亚地区的航空兵力。于是，在Z舰队抵达新加坡之前，日本又从台湾岛向西贡调去了1个航空兵中队——这就是鹿屋航空队的27架"一"式陆上攻击机。这样，为了支援在马来半岛的登陆，和攻击那些企图干扰登陆的英国舰队，松永贞市手下拥有 123 架最先进的海军攻击机和一批具有高度军事素质的飞行员。

8 日 17 点 30 分，菲利普率领"威尔士亲王"号战列舰和"反击"号战列巡洋舰以及"伊列克特拉"号驱逐舰、"特快"号驱逐舰、"吸血鬼"号驱逐舰和"特内多斯"号驱逐舰驶出港口。这支水面舰艇部队（称为 Z 舰队）驶出柔佛海峡东行，在阿南巴斯群岛以东海域转向北航。日军将潜艇展开线配置在该群岛以西，未能及时发现 Z 舰队出动。菲利普在出海之前曾要求皇家空军司令普尔福特对其海上行动提供空中掩护与支援，但因位于马来半岛的英军机场多已落入日军手中，这一要求落空了。

当夜，马来半岛北部海域。海面上浓云笼罩，阴雨连绵，四周海天一色，一片黑暗。"威尔士亲王"号战列舰和"反击"号战列巡洋舰一马当先，在 4 艘驱逐舰的分列两侧护卫下，正在以

"特快"号驱逐舰

第四章 海上争霸

18节的速度劈波斩浪，向北行驶，目标直指位于马来半岛北部的宋卡。

航行中，Z舰队一直严格保持无线电静默，尽量避开日军布设的水雷场和潜艇巡逻线，忍受着热带的湿热，在静静的夜晚悄悄地前进。

菲利普站在舰桥上向外望去，除了远处海岸上几盏闪闪烁烁的航标灯外，四周漆黑一片，万籁俱寂。虽然没有空中掩护，但老天待菲利普不薄。起航以来，海面上一直热带阵雨不断，云雾弥漫，能见度很差。这样的气象条件正是菲利普所期盼的。这样，Z舰队既可以避免日军飞机的威胁，还能够掩盖其行踪——袭击战需要隐蔽接敌，出其不意地发起攻击。望着漆黑的夜空和寂静的海面，他担忧的心理和阴郁的心情稍微好了些。

临起航时，菲利普收到的情报说："日军在西贡集结了大批鱼雷机和轰炸机。"他当然明白这意味着什么。但是，日军飞机能否飞越400多海里到达宋卡水域，还是个未知数。如果一直是这样的坏天气就可以放心了。

当晚10点53分，菲利普收到帕利泽参谋长拍来的一份带有决定性的电报："10日（星期三），Z舰队将得不到战斗机的掩护。"Z舰队驶离基地还不到100海里，它就失去了这次出击赖以制胜的两个基本条件之一——战斗机掩护。然而，菲利普却执意要将这次奔袭继续下去。

经典 百年海战大观 "威尔士亲王"号覆没记

就在Z舰队离开新加坡港北上的时候,日本"联合舰队"的旗舰"长门"号战列舰正航行在日本四国岛以南海面上,处于驶往南太平洋的途中。海面上风平浪静,但在司令舱内却是另一幅景象。

自从Z舰队宣布开赴太平洋地区以来,日本"联合舰队"司令山本五十六就一直深感忧虑:能否击败该舰队将直接关系到日本能否夺得南太平洋的制海权,影响到日军在马来半岛作战乃至整个南进战略的成败。这时,在作战室内,山本五十六和参谋们正在讨论的也是这个问题。参谋们的意见分为两派:一派主张出动战舰迎敌,另一派认为应该实施飞机攻击。两派各有道理和根据,互不相让。

其实,山本五十六心底早已有主张,让参谋们充分争论,发

"吸血鬼"号驱逐舰

表意见，不过是他做出重大决策前的老习惯。这样做，既有利于集思广益，又显示出他的大将风度。他已经为海军航空兵的建设和发展付出了20年的心血。他认为，战列舰决定海上作战胜负的时代已经过去了，胜败的关键在于有无制空权。早在1921年7月，世界制空权理论的先驱者之一、美国陆军航空队副司令威廉·米切尔就曾经进行了轰炸机炸沉战列舰的演习。山本五十六从纪录片中看到这轰动一时的新闻，就开始琢磨其中的深远意义。一年多前，英军在地中海进行的塔兰托之战让山本五十六从中得到启发。由此，他决定最大限度地利用日本海军的空中力量远程奔袭珍珠港，并亲自制订了作战方案。所以，对付Z舰队，他当然主张用飞机实施攻击。

山本五十六的"杀招"就是部署在法属中南半岛的海军第22航空战队。该航空队是山本五十六专门为马来作战准备的，编为甲、乙、丙、丁空袭部队，1941年12月1日以前就已经进驻西贡等地，并完成了战前训练，共有144架飞机，其中90架轰炸机、27架战斗机和27架侦察机。山本五十六最终决定用西贡的岸基飞机对付菲利普的"威尔士亲王"号战列舰。

在进攻马来半岛的日军登陆部队向登陆地域航进时，除有小泽治三郎指挥的马来编队负责掩护外，南方部队（下辖主力编队、菲律宾编队、马来编队、第11航空舰队）司令近藤信竹还亲率2艘战列舰、2艘巡洋舰和10余艘驱逐舰从台湾岛出发，提供远程支援。

经典 百年海战大观 "威尔士亲王"号覆没记

另有10余艘潜艇在新加坡与哥打巴鲁之间布成警戒线,以阻截前去袭扰登陆作战的英国舰队。

9日上午,一架日军高空侦察机冒雨飞临新加坡,借着云层的掩护,闯进戒备森严的樟宜港上空,模模糊糊地看到港内停泊着两个庞然大物,立即向西贡基地发报:"发现两艘战列舰。"

在海峡对岸的西贡,日本海军第22航空战队司令松永贞市接到电报后,马上命令所有飞机做好准备,让鱼雷机装上浅水鱼雷,待雨停后马上起飞,前往新加坡港实施轰炸。

"长门"号战列舰

12点45分，天空出现了一架为Z舰队执行侦察任务的"卡塔林纳"式飞机。当飞机低空掠过旗舰舰桥时，它特意用定向闪光信号向旗舰显示："日军在宋卡以北登陆。"这是菲利普所期待的最佳消息。他盘算着，再过18个小时，Z舰队就可以驶抵目的地，而这时日本的运输船恰好掉头返航，他的2艘主力舰就可以左右开弓，发挥巨炮威力，把日本运输船砸得粉碎。

16点30分，Z舰队位于中南半岛最南端以南170海里处，与哥打巴鲁处于同一纬度。再过2小时，当天色开始暗淡时，Z舰队将向左转80°，凭借夜暗向海岸冲去。这时的天气依然有利于Z舰队，阴阴沉沉，阵雨滂沱。

★山本五十六的撒手锏

该如何迎战英国舰队，有参谋主张以战舰对抗："不错，我们刚刚在空袭珍珠港作战中取得了巨大胜利，但请注意两点事实，一是突然袭击，对方毫无戒备，二是港内静止不动的目标，形同打死靶子。试问，对付高度戒备并且在海面上高速航行的'威尔士亲王'号战列舰，这种空中打击难道也能奏效吗？"

山本五十六站了起来，先扫视了众人一眼，说："诸君，你们都下过象棋吧？"众皆愕然。

"高明的棋手在己方处于弱势时，绝对不会主动与对方死拼。如果现在我们以战舰迎敌，战列舰对战列舰，不就是死拼吗？我们

经典 百年海战大观 "威尔士亲王"号覆没记

航行中的"威尔士亲王"号

不能死拼，不能打消耗战！对付英美这种经济和军事潜力巨大的敌人，死拼、打消耗战可是不明智的。我们必须用卒子，用过了河的卒子去吃掉对方的车！这就是轰炸机！"

3. 死神的镰刀

17点后，天气突变，雨停云散，阴暗的天空转为淡蓝色，西沉的夕阳放射出它那柔和的光辉，洒在海面的浪峰上，映出耀眼的粼粼波光。18点35分，"威尔士亲王"号战列舰的雷达突然发现了北方天际3架日本水上飞机。菲利普心乱如麻——他所赖以取胜的第二个基本条件——隐蔽，突然也不复存在了。

既然敌人已发现他们，日本运输船就会疏散航行，而且敌人一定会调集水面舰艇部队和潜艇部队实施反击。此时此地，菲利普陷入了激烈的思想斗争：如果坚持原定方案，就很可能遭受敌机攻击。不过，这又能怎样？自战争爆发以来，舰队中的主力舰在敌机猛烈攻击下还没有被击沉的先例！当然，敌机的轰炸可能使主力舰受伤以致减慢航速，甚至由此招致覆灭，这一点他不能不认真考虑，因为"俾斯麦"号战列舰的教训就在这里。想到这里，菲利普禁不住打了个冷颤。

尽管早先他已决定：一旦他的舰队被敌人发现，他就率舰返归，但现在他却优柔寡断。他心中有着难言的苦衷：撤退吗？可在强敌面前畏缩不前，未遭敌袭击就空手而归，着实脸上无光；何况，英国陆军、空军正在浴血奋战，自己却退避三舍，的确有悖于英国海军的光荣传统；继续下去吧？这实在是一种冒险的鲁莽行为，有招致全军覆没之危。在这种矛盾心理的驱使下，菲利普下令在日暮前按原定计划行动。

在19点之前，Z舰队以17节的速度继续北上。19点，Z舰队转向西北，航速突然加到26节，像要对海岸进行冲击似的。20点，菲利普又下令取消原定的战斗行动，掉头南行。这时，天已经黑

日军的水上侦察机

了，军舰减慢航速。

此刻，日本西贡基地又收到由山本五十六司令转发的一份情报，说正在巡逻的"伊–65"号潜艇发现Z舰队，地点在昆仑岛的196°、200海里处。这使日本人有些迷惑了：难道英国又派来两艘战列舰？否则它们是从海里冒出来的吗？

后来，日本人才弄明白，那架闯进新加坡军港的日本高空侦察机错把停泊在港内的大型运输舰当成了战列舰。

由于是山本五十六司令转发的情报，虽然天近黄昏，仍旧让53架轰炸机马上起飞，向目标海域飞去。不久，日本轰炸机果然找到了目标，投下照明弹，准备投射鱼雷。

就在此时，飞行员大吃一惊：原来是小泽冶三郎率领的前去为日军登陆部队护航的日本巡洋舰队！由于匆忙出战，没有来得及规定夜间识别的标志或信号，幸亏飞行员及时发现，才没有闹出向自己人投弹的大笑话，否则后果不堪设想。

但是，山本五十六司令转发的那份情报并没有错。他们不知道，当时小泽冶三郎率领的日本舰队距离英国Z舰队仅有15海里，而且由于云雾大，夜色暗，能见度太差，双方几乎擦肩而过，谁也没有发现对方。

据战后士兵回忆，当天双方确实屡次出乌龙：

12月9日凌晨，在西贡松永贞市的司令部及其所属的基地里，充满紧张的战斗气氛。松永贞市等人认为，Z舰队正位于他们以南

百年海战大观 "威尔士亲王"号覆没记

300海里的海面上。因此，他们准备对它进行一次大规模攻击。可是，当天上午一架日本侦察机从新加坡返回，声称它已查清"威尔士亲王"号战列舰和"反击"号战列巡洋舰依然泊于新加坡港内。日本海军当局轻信了这一错误的侦察报告，命令第22航空战队在英国军舰离港之前对其进行一次集中袭击。当"一"式陆上攻击机和"96"式攻击机正准备腾空而起时，松永贞市突然又接到日本海军当局发来的一份内容与前不同的电报，从而彻底改变了他们的行动计划。原来，当天14点，在马来海面巡弋的"伊-65"号潜艇发现了Z舰队；但它拍发的电报耽误了将近2个小时，15点40分才传到西贡日军司令部。这消息使松永贞市大为震惊，一时不知所措。这可非同儿戏！英国军舰的大炮可以把手无寸铁的日本运输船只捣成碎铁，从而使预想中的登陆难逃厄运。

不久，"伊-65"号潜艇发回的情报得到了进一步证实。原来，去新加坡侦察的那架飞机把2艘大型货船误认为是2艘战列舰。在慌乱中，日军紧急下令海军、空军一齐出动，全力搜索。第22航空战队受命后，急忙从飞机上卸下炸弹，换上91型鱼雷。19点，第22航空战队的53架飞机腾空而起。这时Z舰队刚好向西转向，并提高了航速。

日本人深知，想要在毫无月光的夜晚发现和攻击一支实行灯火管制的舰队，困难是不少的，而且危险很大。但宋卡附近的日本运输船所面临的危境尤为急迫，以致为了阻止英国军舰袭击，付出任何代价也在所不惜。这时,天空浓云密布,风雨无常,能见度极差。日本飞机奉命以小队(3架)而不是以通常的中队(9架)编队飞行。午夜时分,一架飞机透过云缝突然发现水面上有一艘大型军舰,飞行员立即发报召唤其他飞机。为了指示目标,他投下了一枚照明弹。

其他飞机闻讯赶来。正当他们乘兴准备攻击时,突然发现他们所要攻击的"敌舰"原来是小泽治三郎的旗舰"鸟海"号巡洋舰和他所指挥的巡洋舰部队。这支日本舰队也在奉命搜索英国舰队。

日军"伊-65"号潜艇

经典 百年海战大观 "威尔士亲王"号覆没记

日军"一"式陆上攻击机

为了避免在混乱中发生类似误会，松永贞市下令全部飞机返回，准备黎明时再继续搜索。

9日20点15分，正当Z舰队转向返回时，小泽治三郎率领的日本巡洋舰部队恰好位于Z舰队以北15海里处，奇怪的是彼此都未发现对方。如果当时Z舰队不向南转向而是继续向北航行数分钟，那么，一场规模巨大的海战就会爆发。无疑，日本的巡洋舰部队很可能将葬身于英国主力舰大炮之下。

但是，9日20点30分，小泽治三郎舰队派出的3架侦察机又发现了Z舰队。菲利普也发现了在舰炮射程之外紧紧盯住舰队的这3架日军侦察机。他顿时感到凶多吉少，认为天一亮日本人肯定会

第四章 海上争霸

"特内多斯"号驱逐舰

派大批飞机前来轰炸,奇袭日军登陆船队已经不可能。

有鉴于此,菲利普放弃了原来的作战企图,于21点05分下令返航新加坡。为了摆脱日军侦察机和潜艇的跟踪,他略施小计,命令"特内多斯"号驱逐舰打开战斗识别灯,全速返回新加坡基地,以吸引日军注意力,自己则率舰队来了个急转弯,然后熄灭一切灯光,取另一航路全速撤向新加坡。

午夜过后,雨过天晴,星月辉映,平静的海面泛出粼粼波光,夜色非常美,但是Z舰队的官兵们却没有这种好心情——他们因无功返港而大失所望。

10日凌晨,松永贞市又收到日本海军当局发来的电报:日本潜艇已发现英国舰队。原来,凌晨2点20分,"伊-58"号潜艇突然发现了正在南下的Z舰队。它一连向"反击"号战列巡洋舰发射了5枚鱼雷,但均未命中。随后,"伊-58"号潜艇上浮,将这一最新消息用无线电发回,并以其水面最高航速尾随英国军舰。

具有戏剧性的是,这时Z舰队也收到一份急电,正以24节的速度向南驰进。这比"伊-58"号潜艇的最高水面航速还高8节,因此,3点05分,"伊-58"号潜艇在暗夜中失去了目标。原来在回程中,菲利普突然收到帕利泽从新加坡发来的急电:"据报告,敌军正在关丹地区登陆。"菲利普意识到,敌人在此登陆实为一个战略高招,这将严重威胁已采取守势的英国部队。

面对这种严重局势,菲利普觉得他不能熟视无睹。通过一系列

英国"水牛"式战斗机

的航海计算,他认为,Z舰队将于黎明后不久驶抵关丹附近,而这时也正是日军登陆最易遭受攻击的时刻,而且到了关丹,Z舰队可望得到战斗机掩护——这里刚好处于驻新加坡的英国"水牛"式战斗机的作战半径以内。

菲利普自信地认为,日军仍然蒙在鼓里,不知他的行踪和意向,因而他继续保持无线电静默,没有把他前往袭击关丹的决定告诉新加坡的英军司令部。他想:他的这一举措是任何一个有头脑的指挥官都会采取的,无疑帕利泽也会推断出来的;无须他专门请求,帕利泽也会在黎明时分向驶抵关丹海岸附近的Z舰队提供战斗机掩护。

Z舰队于10日凌晨0点50分向西南转向之后,夜间一直保持高航速。凌晨5点,天开始破晓,天空始呈暗灰色,继而变为淡紫红色。不久，一轮旭日从海面上冉冉升起，水天线清晰可辨。

其实，日本人根本没有进攻关丹。一头吃夜草的水牛踩响了英军在海岸边布设的地雷引起一连串爆炸。当地守军草木皆兵，误以为是日军登陆了，慌忙向新加坡英军总部报告了情况。新加坡英军总部未经核实，便向菲利普发出了电报。

一场虚惊既骗了新加坡英军总部，也骗了菲利普，将Z舰队置于万劫不复的境地。

菲利普也犯了一个严重的错误：主观臆断。为了甩掉日军的跟踪侦察，他命令舰队保持无线电静默。因此，舰队只能收报而不能发报，他没有把Z舰队即将袭击关丹"登陆日军"的决定报告给新加坡英军总部，更没有及时与空军联系空中掩护问题。他只是一厢情愿地认为，既然总部把敌军在关丹登陆的情况通告于他，其用意就是让舰队采取行动，总部到时自然会派出飞机进行空中掩护的。

遗憾的是，直到10日上午，新加坡总部及其空军对Z舰队的动向都一无所知。Z舰队全速向关丹方向疾驰。12月10日天刚蒙蒙亮，Z舰队驶抵关丹附近海域。

雨过天晴后的清晨，天空如洗，偶尔只有几朵流云飘过——这是个打仗的理想天气。终于又有机会让日本人尝尝英国皇家海军的厉害了，Z舰队的官兵们又一次群情振奋起来。可是，奉命沿马来半岛东海岸侦察的侦察机却报告说，没有发现任何运送登陆日军的

第四章 海上争霸

舰只。菲利普有些不相信，命令"快速"号驱逐舰到关丹水域的各条航道仔细侦察，结果也没有发现任何登陆日军的影子。

菲利普仍然不死心。他认为总部不会毫无根据地给他发这样的电报，很可能日军就在附近某个地方，或者登陆部队已经上岸，那么运送登陆部队的运输舰队应该隐蔽在附近。菲利普命令舰队掉头向北，继续扩大搜索范围。

这个向北搜索的决定是一个大大的失策。

菲利普

当天清晨，日军9架侦察机、34架轰炸机和51架鱼雷机分成七八个编队，从西贡机场腾空而起，按照日本海军潜艇提供的情报扑向Z舰队。与昨天的恶劣气候恰恰相反，天空湛蓝，偶尔有几片白云飘过，海阔天高，能见度好极了。日本机群巡航于3000米上空，在预定海域搜索了一遍又一遍却没有发现目标。日军不知道Z舰队已经高速转向东南，扑向关丹了。日本飞机向南搜索，飞到新加坡附近，仍然不见英军舰队的踪影。

突然，日军一架侦察机发出紧急情报："发现敌战列舰！"因为燃油有限，正在返航途中的日军机群接到电报后马上改变航向，如同一群闻到腥味的鲨鱼，相互呼叫着，纷纷向目标扑去。

★ "反击"号战列巡洋舰

"反击"号战列巡洋舰与珍珠港中覆灭的美太平洋舰队战列舰属同一时代产物，为"声望"级战列巡洋舰的第2艘。1916年1月下水，同年8月开始服役。1933年到1936年进行过现代化改装。1940年，它在挪威的韦斯特湾曾与德国舰队对射。作为对日本的威慑力量，"反击"号战列巡洋舰与"威尔士亲王"号战列舰以及4艘驱逐舰组成的新远东舰队（Z舰队）于1941年12月4日抵达新加坡。

"反击"号战列巡洋舰主要数据如下：

标准排水量：27650吨（满载38200吨）

主炮：381毫米火炮6座

副炮：101毫米12座

防空火炮：40毫米高射炮16座，20毫米高射炮16座

设计功率：112000轴马力

设计航速：最大28节

设计舰员：1300～1500人

4. 猎杀者

菲利普命令舰群散开搜索，但是快到中午了，仍然不见日军的踪迹。他终于死了心，便集结舰队，准备返回南边180海里外的新加坡。但是，日本的机群已经扑过来了。

10日晨，日军在接到"伊-58"号潜艇的报告后，第22航空战队又投入了一场出击前紧张的备战活动。6点时，12架飞机（其中3架为侦察机，9架为轰炸机）轰鸣起飞，迎着黎明时的凉风向南呼啸而去。7点35分至9点30分，34架携带炸弹的"96"式攻击机、26架携带鱼雷的"96"式攻击机和26架携带鱼雷的"一"式攻击机以中队为编队，从西贡各机场相继起飞。10日上午，天气晴朗，非常有利于飞机攻击。在天空中，飘浮着朵朵云块，既不严重妨碍能见度，又为飞机提供了掩护。

根据日军估计，上午9点，英国舰队将位于亚南巴斯群岛以西约80海里处。因此，日本飞机便云集在这一地区，并向东、西、南三个方向进行大幅度搜索，以覆盖英国舰队为进行欺骗或规避而可能采取的机动航线。

10点30分，数个中队的飞机甚至深入新加坡以南30海里处，已超过其最大航程。11点，全部日本飞机在返航途中，燃油已消耗过半。飞行员们几乎都没有发现英国军舰和实施攻击的希望了。他们所关心的已不是英国舰队，而是能否有足够的燃料安全返航。

11到05分，一架"89"式侦察机突然从云隙中发现海面上有几道泛起白色浪花的航迹。飞机立即转向，降低高度，并发出呼叫："在关丹东南70海里处有2艘敌战列舰，航向东南。"听到侦察机的呼叫，大批日本飞机立即折身返回，从四面八方蜂拥过来。

舰队上空响起日军机群的轰鸣声。Z舰队要倒霉了！

Z舰队的几百门高炮一齐开火，试图拦截俯冲下来的机群。日本飞机全然不顾，冒着被击中的危险，疯狂发起冲击。

发起第一波攻击的是轰炸机。日军轰炸机在炸裂的弹片和硝烟的缝隙中穿行，低空俯冲飞来，首先冲向"反击"号战列巡洋舰。

"反击"号战列巡洋舰的雷达首先发现敌机飞来的信号脉冲，过了10分钟后左舷瞭望哨报告：9架日本双引擎轰炸机正在逼近。舰长坦南特命令拉响战斗警报，准备战斗，并通报了南边0.5海里外的旗舰"威尔士亲王"号战列舰。

警报声未落，9架日军轰炸机轰隆隆掠过头顶，炸弹跟着落了下来。当时随"反击"号战列巡洋舰出海的《伦敦每日快报》记者欧·伽莱葛正在甲板上。他回忆说："一阵阵爆炸声震耳欲聋，舰身猛烈抖动起来。炸弹落在巨舰四周，掀起山头似的巨浪。坦南特舰长站在高高的舰桥上，临危不惧，一边沉着地指挥战斗，一边使出高超的操舰本领，驾驶'反击'号战列巡洋舰转满舵，以24节的速度在弹雨中左躲右避，与9架日军轰炸机周旋。"

突然，两架轰炸机向"反击"号战列巡洋舰的左舷俯冲袭来，转眼飞掠而过时炸弹摇曳而下，落在左舷舰载机库处，舰身随后一声震天巨响发生剧烈震动，连烟囱上的油漆都震落下来。机库燃起大火，甲板上顿时浓烟滚滚。

坦南特舰长大声吼道："赶快组织救火！"

轰炸机刚刚掠过，鱼雷机接踵而至。

9架日军鱼雷机紧随其后向右舷袭来，坦南特舰长立即命令炮手集中火力向右前方射击。"反击"号战列巡洋舰缺乏新式高射炮，阻击火力弱。日本鱼雷机不顾死活地在炮弹的缝隙中俯冲，一直冲到抵近距离内才施放鱼雷。一架鱼雷机被炮火射中，像一团火球似的扎进大海，接着发出沉闷的爆炸声。紧随其后的另一架飞机被击中机翼和机尾，摇摇晃晃地投下鱼雷后，吃力地向高空爬去。

坦南特舰长亲自掌舵，灵活机动地回旋规避，躲避开了一枚又一枚袭来的鱼雷。炮手们受到坦南特的鼓舞，疯狂地对空射击，炮弹组成的火网更加密集了。又一架日本飞机被击中，在空中爆炸，解体，像节日烟火似的向四处飞散开去。

日本飞机仓皇逃窜，"反击"号战列巡洋舰上空获得暂时的平静。为"反击"号战列巡洋舰护航的驱逐舰上的水兵们看得眼花缭乱，禁不住为炮手们的精彩射击拍手喝彩。

经典 百年海战大观 "威尔士亲王"号覆没记

这时坦南特才有时间下令打破无线电静默,向新加坡英军司令部报告:"Z舰队遭到空袭。"新加坡英军司令部大吃一惊,立即下令在森巴旺空军基地的"水牛"式战斗机迅速起飞,但飞到激战海域大约需要一个小时。

经过短暂的间歇,12点10分,日军8架鱼雷机发起新一轮攻击。"反击"号战列巡洋舰虽然已经大火熊熊燃烧,但是防御炮火仍然很猛。一架鱼雷机猛然间俯冲到"反击"号战列巡洋舰左舷,虽然被急速掉转过来的炮火击中,但是它发射的鱼雷恰好命中了"反击"号战列巡洋舰舰体的中部。一声巨响,"反击"号战列巡洋舰猛然转舵,舰首拖着火焰和烟幕急剧左转。

又有一轮攻击随之而来。9架日军鱼雷机巧妙地从几个不同方向,一架接一架地交叉俯冲攻击。炮手们来不及掉转炮口。"反击"号战列巡洋舰先后被4枚鱼雷击中,接连发生爆炸,黑烟笼罩着舰体,舷侧逐渐倾斜。

最后一枚鱼雷爆炸使军舰发生强烈震动,舰舷倾斜更加严重了。舰首翘起来了,舰尾加速下沉,舰桥指挥塔上已经站不住人了。

水兵们在歪斜的甲板上奔跑,像青蛙一样纷纷跳入海中。

坦南特紧紧抱住驾舵不放——他决心与战舰一起共存亡。几名军官挣扎着冲进驾驶室,不由分说地把坦南特拉了出来,有人把救生圈强套在他头上。海水转眼之间把人全部淹没了,大家奋力冲出

第四章 海上争霸

一架日本鱼雷机投放鱼雷后被击中

翻卷的旋涡，坦南特死里逃生了。

大约在12点33分，"反击"号战列巡洋舰横倾斜达到60°～70°，翻倒沉没了。海面上只留下了奋力挣扎的水手、大面积的油迹、船体碎片和弥漫翻滚的黑烟……

"反击"号战列巡洋舰的幸存者回忆战斗过程：

9架日本飞机在明媚的阳光下看起来一清二楚。它们排成一排在1000米的空中径直朝着我们俯冲下来，而我们的高射炮立即开火回击。就在第一批飞机即将撤离的时候，一枚炸弹落在离"反击"号战列巡洋舰很近的海面上，掀起来的水柱，把我的全身都打湿了。与此同时，另一枚炸弹穿透舰载飞机的弹射甲板，在甲板下面的机库里爆炸了。

随后，鱼雷机进入了战场。它们就像一群狼围住了两只大熊，它们开始只在远处的空中盘旋，并不急于扑过来，但扑过来时总是选择最难对付的角度。一架鱼雷机直截了当地朝着我们俯冲了过来，飞行高度离水面不过200米，它在距我舰500米处丢下一枚鱼雷，接着来了一个侧身飞。于是，它的侧翼统统暴露在我们的炮口下。这架飞机没有来得及飞开，就以优雅的姿势，一头向海里栽了下去。舰上除381毫米的主炮外，所有炮火都在喷火。炮声震耳欲聋，无烟火药的气味令人窒息，炸弹的爆炸声简直能撕裂耳膜，海面上激起的水柱没头没脸的泼在人们身上。身边的一位军官叫道：瞧，鱼雷过来了！

第四章 海上争霸

空中拍摄到的"反击"号和"威尔士亲王"号

经典 百年海战大观 "威尔士亲王"号覆没记

"反击"号沉没瞬间

第四章 海上争霸

危急中,"反击"号战列巡洋舰舰长坦南特亲自驾舰灵活地闪避,已经躲过了10枚以上的鱼雷。在此紧急时刻,他不得已打破无线电静默,将Z舰队遭受攻击的噩耗发回新加坡基地。

在又一次的鱼雷攻击中,"反击"号战列巡洋舰的好运气结束了。我当时的感觉是:这艘军舰触了礁。我被震得跳起来,跳出去了1米,但我既没有摔倒,也没有感到鱼雷爆炸,我只感到受到了很大震动。几乎在这同时,我感到舰身倾斜了。不到一分钟以后,我感到又一次同样性质和力度的震动。不过,这一次是从舰尾左方传来的。"反击"号战列巡洋舰中了两枚鱼雷后,开始明显地急剧下沉,舰身迅速倾斜,毁灭看来势不可免了。坦南特通过系统宣布:"准备弃舰!愿上帝保佑你们!"失控的"反击"号战列巡洋舰随后共中了13枚鱼雷,14点03分沉没。

在"反击"号战列巡洋舰与日本飞机殊死搏斗同时,"威尔士亲王"号战列舰凭借其厚厚的装甲和密集的防空火力在拼命抵抗,全力挣扎。

"反击"号战列巡洋舰的沉没让菲利普看到了"威尔士亲王"号战列舰即将到来的下场。他震惊、沮丧,还有些惊诧。他无论如何都难以相信,200多米长、排水量达几万吨的巨型战舰,怎么就对付不了那些小得像个苍蝇似的飞机。

11点43分,9架日军鱼雷机钻出云层,以战斗队形俯冲而下,直扑"威尔士亲王"号战列舰右舷。

百年海战大观 "威尔士亲王"号覆没记

英军水兵急忙各就各位，迅速组织起强大的防空火力，截击迅猛俯冲的日军飞机。全舰10门356毫米口径主炮和94门辅炮一齐拼命射击。射出的炮弹如同冰雹一样密集，天空中充满一片片黄色的硝烟，爆炸疾飞的弹片像农民在扬场时洒落的麦粒纷纷落下。

日军飞机不顾死活地鱼贯俯冲而下，几乎要擦着水面了才施放鱼雷，拉起时还没有战舰的桅杆高。9枚鱼雷划出道道雪白的航迹，径直向"威尔士亲王"号战列舰急驰而来。

"威尔士亲王"号战列舰舰长利奇发现疾驰而来的鱼雷，对着扩音器大声喊叫："躲避鱼雷！"巨舰紧急转舵，躲过了前几枚鱼雷。但还是有两枚鱼雷击中了"威尔士亲王"号战舰尾部。

两声山崩地裂似的爆炸使巨大的"威尔士亲王"号猛烈地震动起来。爆炸的气浪掀起的水柱和烟雾裹着翻飞着"威尔士亲王"号碎裂的肢体，冲腾到几百米的高空。

"威尔士亲王"号战列舰像飞奔着的脱缰野马突然被人套住了，骤然减速，从25节减到14节。有人从炮座上被震落下来，有人猛然栽倒跌落在甲板上。

一位军官爬到舰桥指挥塔，向利奇报告了战舰被炸受损情况：一枚鱼雷炸毁左螺旋桨轴，致使操舵失灵；另有一枚鱼雷击中汽轮机，轮机舱里蒸汽四处喷射；海水从舰尾创口灌了进来，由于弹洞太大，无法堵漏，轮机舱的水兵不得不撤出来。

利奇无奈地长叹一口气，不得不升起"失去控制"的黑色信号

第四章 海上争霸

"威尔士亲王"号（右前边）和"反击"号（左后边）遭受日本空军打击

旗。"威尔士亲王"号失去控制，在原地兜起圈子来。

一架日军高空侦察机在战场上空盘旋，不停地向上级报告现场战况。日军西贡基地司令部得到报告，顿时群情振奋，命令空袭部队组织更加猛烈的攻击。

日本飞机轮番接战，发起一次次进攻。12点22分，第二轮攻击的日本飞机编队飞临上空。6架日本鱼雷机对大大减速的"威尔士亲王"号战列舰进行疯狂的空中袭击。6枚鱼雷接踵而下，"威尔士亲王"号战列舰又中两枚鱼雷，甲板上大部分火炮被炸毁，动力系统瘫痪失灵。炮手们只好集中在剩余的几门高射炮旁，用铁索和绳子拉动炮管，顽强地向呼啸而来的日本飞机射击。

一架日本飞机被击中起火，飞行员似乎无法把机头拉起来飞走，致使飞机径直向"威尔士亲王"号战列舰右舷飞来。"威尔士亲王"号战列舰来不及躲避。这架拖着浓烟和火光的飞机撞在了它的甲板上，轰隆一声巨响，引起大爆炸，熊熊大火顿时吞没了躲避不及的士兵和整个右舰舷。"威尔士亲王"号战列舰有些吃不住劲了，舰面快速倾斜，很快超过了45°，完全失去了机动能力，成了绝好的死靶子。后边跟进的日本飞机见状更加疯狂地发射鱼雷，不依不饶地加速这个庞然大物的死亡进程。

3分钟后，"威尔士亲王"号战列舰又中两枚鱼雷。但是，奇怪的是，它渐渐正过来身子，恢复了平衡。日本飞行员见此情景，禁不住惊叹"威尔士亲王"号战列舰不愧为"永不沉没的主力舰"，虽然连中数枚鱼雷，居然还能渐渐恢复到原来的状态——其实不然，正是它中了最后两枚鱼雷后造成大量进水，反而使它慢慢恢复了平衡。

★ 激烈的海战

当时随军行动的《伦敦每日快报》记者塞西尔·布朗回忆说："'威尔斯亲王'号战列舰全舰大小火炮近百门，每分钟能发射炮弹数万发。此时，该舰以全部火力拼命对空射击，炮弹如同冰雹一样密集，天空一片黄色硝烟。炸裂的弹片，就像撒落的沙子，在海面上激起了一片浪花。"

日军飞行员回忆当时的情形说："天空充满了炮弹的硝烟、弹片和高射炮与机枪发射的一道道曳光弹弹迹。我的飞机像被敌人的密集弹幕击中似的，一个劲地往下冲，差不多都要贴到水面了，速度表的指数超过了370公里／小时。我压根儿记不得我是怎样飞行，怎样瞄准，在离敌舰多远投入鱼雷的……"

第五章
降落的米字旗

★ "威尔士亲王"号战列舰迅速沉入水中,很快被海水淹没,海面形成一个巨大的旋涡,四周腾起一片翻卷的浪花,随后一切又恢复了平静,海面上漂满油污和水兵的尸体。

★ 日军进入柔佛州开阔地带后,两个主力师同时展开,企图抢在英军得到增援之前占领马来半岛最南端。英军原计划在柔佛州抢建工事,构成新加坡北部屏障,固守待援。

★ 韦维尔拿出丘吉尔首相的电文,高声念道:"战斗必须拼到底。战地指挥官和高级军官应该和士兵死在一起。英国的荣誉在此一举。"

★ "狮城"新加坡一片沉寂,连零星的炮声都没了。英军在远东苦心经营了100多年的"东方直布罗陀"和世界第4大军港到处插满了太阳旗。

1. "威尔士亲王"号战列舰沉没

这时,"威尔士亲王"号战列舰伤势更重了,舰身多处被炸,遍体鳞伤,水兵死伤惨重,电源中断,机械失灵,舱内一片黑暗,汹涌的海水从舰体侧面多处巨大的鱼雷弹洞涌进舱内。利奇知道战舰坚持不了多久了,便命令信号兵向驱逐舰求援,并且拍发急电催促英国空军急速派战斗机前来进行空中掩护,要求新加坡港派来拖船,企图把"威尔士亲王"号战列舰拖回港去。"快速"号驱逐舰接到信号急忙向旗舰靠拢过来,一边给旗舰提供电力,一边接走舰上的伤员。

然而这时,也就是12点50分左右,日军新的一轮攻击又来了。9架日军高空水平轰炸机轰轰隆隆地飞过来了,密集的炸弹纷纷呼啸而下。"快速"号驱逐舰急忙施放烟幕,企图掩护旗舰脱险,但是已根本不可能了。"威尔士亲王"号战列舰已经成为静止的目标,日本轰炸机根本不用费力就把弹雨似的炸弹投个正着。"威尔士亲王"号战列舰四周掀起此起彼伏的爆炸和气浪。一颗重磅炸弹落到旗舰后桅杆上,高耸的桅杆轰然倒下,接着又有几颗炸弹落在后甲板上,轰隆隆地爆炸声不绝于耳,火焰和烟雾跟着冲天而起。"威尔士亲王"号战列舰开始急速下沉,后甲板首先没入海面,柴油流

几乎贴着水面攻击的日军战机

了出来，海面上熊熊大火越烧越猛。

13点10分，利奇和菲利普看到"威尔士亲王"号战列舰即将完全沉没，商量了一下，命令弃舰。"快速"号驱逐舰再次靠拢过来，搭救幸存者。

身材矮小的"大拇指汤姆"菲利普和利奇冷静而又吃力地站在已经倾斜的舰桥上，支撑着受伤的躯体，视死如归，拒绝了部下一再要他们离舰的劝告，决心与"威尔士亲王"号战列舰共存亡。英国的"米"字国旗已经从主桅杆上降了下来。菲利普把它紧紧地裹在自己身上，好像在拥抱他的祖国英伦三岛，又似乎因为自己的战败而向他的人民表示歉意。"威尔士亲王"号战列舰下沉的速度更快了，从舰尾通气孔里微微传来陷在舱里的水兵的呼叫声。幸存的

官兵们眼含热泪，一边默默地离舰，一边向他们的舰队司令和舰长行最后的注目礼。

日本的飞机已经远远离去，炮火和硝烟已经消失散尽，轻柔的海面映照着这个季节少见的湛蓝的天空和飘浮着的白云的倒影，刚才还充满震耳欲聋爆炸声的战场突然间安静得有些让人感到诧异而压抑。菲利普神情庄严，伫立无语，热泪纵横。

"威尔士亲王"号战列舰迅速沉入水中，很快被海水淹没。海面形成了一个巨大的旋涡，四周腾起一片翻卷的浪花，随后一切又恢复了平静。海面上漂满油污和水兵的尸体。"快速"号驱逐舰拉响汽笛，向两艘沉没的主力舰致哀，随后匆匆打捞起落水的水兵，忍痛返回新加坡港。

急忙飞来的6架英国"水牛"式战斗机徒劳地在天空盘旋，目睹这场壮烈而又悲惨的水葬仪式，束手无策。如果Z舰队早点呼叫英国战斗机进行空中掩护，战局也许会有所不同，但是现在说什么都为时太晚！

1941年12月10日13点19分，"威尔士亲王"号战列舰遭到6枚鱼雷攻击和多颗炸弹袭击后葬身海底。此役称为"马来海战"。

至此，人类历史上第一次大规模的岸基航空兵空袭海面主力舰队的作战，以英国远东舰队2艘主力舰沉没、870名官兵阵亡而告结束；日军只损失3架飞机（1架"96"式陆地攻击机，2架"一"式陆地攻击机），21人死亡，27架飞机受损伤。这样，企图阻挡日

第五章 降落的米字旗

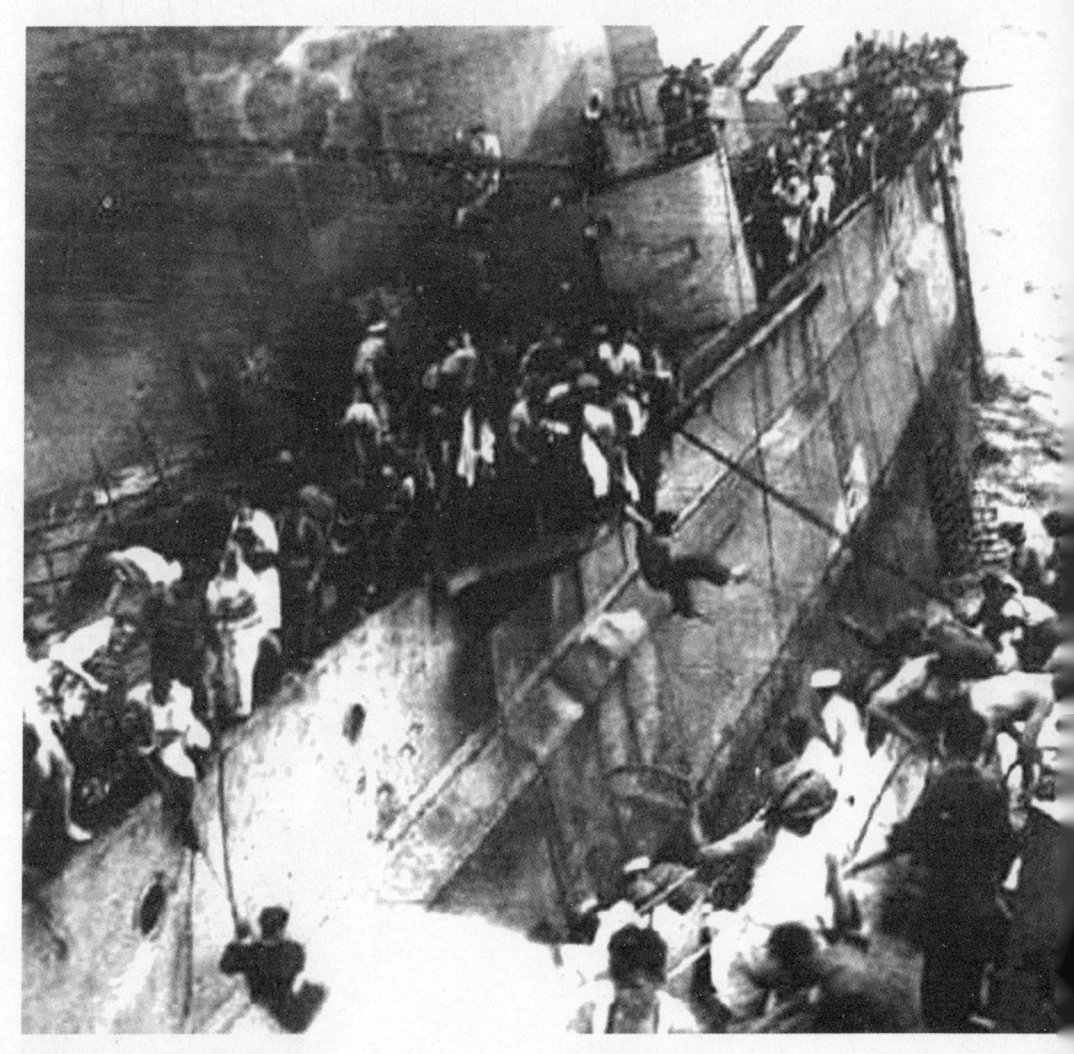

"威尔士亲王"号的舰员正在离舰

军进攻东南亚的最后一支打击力量被日本人彻底粉碎了。

尽管在围追"俾斯麦"号战列舰时,英国海军也使用了航空兵。但马来海战被认为是航空兵以航行中的战列舰为交战对手,并将其击沉的首次战例。这在海军战略战术发展史上也占有相当重要的地位。

这次海战,不应把日军此役取胜的主要原因归结为侥幸,而要清醒地认识到"技术决定战术"!——武器装备的迅速发展,必然引起战略战术发生巨大变化。85架飞机仅用约2个小时就把两艘

"威尔士亲王"号沉没时倾斜的桅杆

第五章 降落的米字旗

大型军舰干净利落地彻底消灭，这足以表明航空兵在海战中具有的威力。

Z舰队的覆灭是武器发展的必然结果。但从英国的角度，其问题链中第1环是英国并不相信日本会敢于直接进攻英美，所以才派出了毫无优势可言的威慑力量，而实际上英美太平洋舰队加在一起也没有日本"联合舰队"强大；第2环是"无敌"号航空母舰触礁后并没有重新审视整个计划；第3环是在具有皇家海军传统的菲利普指挥下，Z舰队冒险出航，而且选择了莫名其妙的航线，Z舰队如果直接驶向宋卡，至少356毫米的舰炮会有发威的机会；第4环是10日的天气太好，并且发生了水牛踩响关丹地雷的偶然事件，否则Z舰队将有时间返回新加坡。

在马来海战之前，日方也对此缺乏认识。小泽冶三郎率领的舰队只为登陆护航，而航空部队也仅是在其中担任支援任务。发现英国Z舰队出航后，日军统帅部首先想到的是命令近藤信竹舰队火速进入南中国海，以便对Z舰队进行阻击，后来发现近藤信竹舰队离战场甚远，才不得不依赖航空部队去应急，结果战绩竟出其所料。

当天晚上，"威尔士亲王"号战列舰沉入海底的消息传到新加坡，新加坡人无不感到震惊和恐慌——这意味着英国的远东堡垒新加坡已经失去海上屏障，英国东南亚殖民地的守军也失去了心理屏障。英军斗志从此一蹶不振，陆上作战连连失败。

消息传到伦敦，一向倒头便睡的丘吉尔失眠了。他回忆道：

床边电话铃响了。那是第一海务大臣打来的电话。他的声音奇特，发出一种咳嗽和吞咽的声音，所以我最初听不大清楚。"首相，我不得不向你报告，'威尔士亲王'号战列舰和'反击'号战列巡洋舰都被日本人击沉了——我们认为是被飞机击沉的。汤姆·菲利普已经淹死。""你确信这是真的吗？""一点也没有疑惑。"于是我把话筒放下。

幸而我是独自一个人。在全部战争过程中，我从来没有受到过比这更直接的震惊。这则消息当可了解到有多少努力、希望和计划随着这两艘战舰沉入了大海。当我在床上辗转反侧时，十足可怕的感觉深深地渗入我的心坎。

在印度洋或太平洋中，除了正在急速返回加利福尼亚的美国在珍珠港残存的主力舰外，没有英国或美国的主力舰了。在这广漠的一大片海洋之上，日本独霸，而我们则到处都是脆弱和没有防御的……

正在南中国海航行的日本"联合舰队"旗舰"长门"号战列舰上则是完全不同的另外一种气氛。山本五十六及其参谋们兴奋不已，一杯接一杯地开怀畅饮，庆祝日本海军取得又一个决定性胜利。

有人向山本五十六献媚似的表示祝贺："长官，您这下要晋升元帅了！"山本五十六也抑制不住内心的激动，偷袭珍珠港虽然取得巨大胜利,但那是不宣而战,是偷袭,这回完全不同了,这回是他的部下在他的战略指导下,以堂堂正正的交战,取得了光明正大的胜利。更为高兴的是,他为"航空优先"理论呼吁了20多年,始终有人表示怀疑,这次海战为他的主张提供了无可辩驳的证据——看来大型战舰主宰海洋的时代已成为过去,空中打击主导海战的时代到来了。

★幸存者记录下的"威尔士亲王"号战列舰:

最后一次攻击开始了。日军9架轰炸机整齐地并排从南面遥远的天际飞来。"威尔士亲王"号战列舰已灌入数千吨海水,正以8节航速吃力地航行着。舰上6门133毫米高射炮零落地喷着火舌,炮弹在天空绽出团团黑烟。日本飞机有恃无恐地进行高空水平轰炸。

菲利普及其参谋军官们站在旗舰的罗经平台上,头戴钢盔,正在计数日本飞机投下的炸弹,利奇突然尖叫一声:"喂,炸弹!"话音刚落,一颗炸弹击中中部甲板左侧,引起大火。其余大部分炸弹都散落在舰尾附近,爆炸的碎片与激起的海水扫过舱面,人员非死即伤,尸体和伤员横七竖八地躺在甲板上。

利奇依然不愿承认"威尔士亲王"号战列舰已临近死期,一面下令"特快"号驱逐舰前来接走伤员,一面试图要求新加坡派出拖船协助旗舰返回基地。其实,这都是枉然。轰炸机投放的鱼雷早已把"威尔士亲王"号战列舰的内脏捣毁,日本飞机最后投下的炸弹只不过是好像对着它的尸体再砍上几斧头而已。不一会儿,舱下的报告如雪片传来:舰内所遭受的破坏已到了无可挽回的地步。5分钟后,利奇不得不下令弃舰。一时间,呼叫声、责骂声和哭喊声响成一片。

2. 日军继续推进

英军远东舰队在马来海战中大败,损失了"威尔士亲王"号战列舰和"反击"号战列巡洋舰两艘主力舰,失去制海权。太平洋战场开战两三天,英军便同时失去了制空权和制海权,此后的作战可想而知。

日军夺取制海权和制空权后,后续部队在宋卡陆续登陆上岸,主力越过克拉地峡,进入马来亚吉打州,沿西海岸的铁路和公路向南推进。

为了不给英军以喘息机会,日军登陆部队轻装前进,采取近战夜战、穿插迂回和逐段蛙跳等战术,连续突破英军防线。

山下奉文组建了一个由第5团团长佐伯静夫率领的摩托化突击挺进队。12月11日开始,挺进队以坦克为先锋,冒着急风暴雨,穿行在溃败的敌人队伍之中,长驱南下。当天傍晚,他们推进到英军重兵把守的北部重要防线——日得拉防线前沿。

日得拉防线由众多的混凝土机枪工事、防坦克壕和铁丝网组成，纵深有好几道坚固阵地，防守兵力有9个步兵营，还有拥有90辆坦克的装甲部队。英军曾经夸口，这里至少能够把日军阻挡住3个月。

佐伯静夫的突击挺进队当夜断然对日得拉防线发起夜袭，其前锋首先与守军的前沿部队，印度第14旁遮普团第1营交火。当时，暴雨如注，四周能见度很差，隐隐约约可以看到沿道路部署的反坦克炮、机枪、装甲车和卡车。

"打！拔掉挡路的钉子！"佐伯静夫下令。冲在最前边的10辆坦克一齐开火，但是遭到守军密集炮火的阻击。防线没有被突破，双方形成暂时的胶着对峙，战斗拖到12日。佐伯静夫心急如焚，一边积聚力量，调整部署，一边下死命令，对防线实施猛烈冲击。12日清晨，突击挺进队发动最后攻击，守军全面溃退。

13日，日军占领吉打州首府亚罗士打。

同日，由哥打巴鲁登陆的日军佗美浩支队占领马来中部东海岸的瓜拉丁加奴机场，使日军战斗机的作战半径覆盖了马来半岛，并形成东西呼应之势。

在泰国曼谷附近的近卫师，自9日开始，有的乘汽车，有的骑自行车，从陆上向马来半岛杀来，13日到达亚罗士打，5天长驱1100千米。

日军登陆战役取得了超出预想的成功。第25集团军原来计划与航空部队和海军协同，主力在马来半岛颈部以南地区登陆后，一边击败防御抵抗的英军，一边向霹雳河一线挺进。继第一批部队登陆以后，逐渐增强兵力，与航空部队协同，经吉隆坡进到柔佛水道一线，待各方面准备就绪后攻占新加坡。现在看，不仅出色地完成了原定计划，而且可以把后续的作战目标提前了。

山下奉文于12月16日把第25集团军司令部转移到亚罗士打，17日召开作战会议，研究修改了下一步作战计划。决定：集团军主力第5师和近卫师沿西海岸向吉隆坡方向推进；佗美浩支队占领关丹后迅速向吉隆坡方向及金马士方向推进，策应主力作战；第18师主力到达宋卡后，暂时在宋卡待命，尔后伺机在马来东南沿岸的丰盛附近登陆，随后向柔佛巴鲁（新山）推进，切断英军主力退路，以便在柔佛以北、吉隆坡以南地区把英军主力同新加坡守军分割开来，各个击破。

英军抗登陆战役和北部地区阻击战连连失利，但是仍然企图凭借山路隘口与河流等天然屏障迟滞敌人，争取时间，加强南部防御，准备持久作战。

12月31日，沿东海岸进攻的佗美浩支队，夺占了关丹机场。1942年1月5日，日军步兵的攻击优势再次在突破士林河防线时显现出来。

那一天，他们遇到印度第12师。第12师奉命构建阵地，守

第五章　降落的米字旗

卫士林河前面的一个公路与铁路的交叉口。日军第一次进攻被打退了。但是，随着日军后续部队的到达和坦克部队的强攻，傍晚守卫的印度士兵溃败如山倒。7日，日军攻占士林河桥，完全切断了北部防区印度第12师的退路，该师遂告土崩瓦解。

1月10日，山下奉文下令全力追击逃向新加坡的英军。日本步兵骑上自行车向吉隆坡挺进。一位督战的英军军官后来回忆说：他躲在路边浓密的树丛里，注视着日军浩浩荡荡地向马来亚首都吉隆坡方向前进，"多数人骑着自行车，三人一排，共有四五十排，他

推着自行车向吉隆坡方向行军的日本士兵

经典 百年海战大观 "威尔士亲王"号覆没记

们有说有笑,好像是赶去看足球比赛。山下奉文的步兵一天可以前进30多公里,虽然烈日当空,骄阳似火,车胎都快要爆裂了,但是他们照样蹬车飞奔"。1月11日,日军第5师没有遭到抵抗就占领了吉隆坡。

日军进入柔佛州开阔地带后,两个主力师同时展开,企图抢在英军得到增援之前占领马来半岛最南端。英军原计划在柔佛州抢建工事,构成新加坡北部屏障,固守待援。但是,由于前线一路溃败,英军被迫于1月31日把部队全部撤退到新加坡,炸毁新加坡

败退到新加坡的英国士兵混在拥挤的人群中

和马来半岛之间的长堤。

第25集团军的第5师、第18师和近卫师齐头并进，包围圈越缩越小，进攻的前锋直逼新加坡岛。

日军仅用55天就攻占了马来半岛全境，其伤亡人员总数约为4600人，而英方损失万余人，大多当了俘虏。日军在马来半岛登陆的主要目的之一，是攻占新加坡，拔除英国设在东南亚的主要根据地。

现在，新加坡已经成了一座孤城。英联邦军在最后一批部队从马来半岛撤至新加坡后，将长堤炸毁，企图将蜂拥南进的日军，阻止在柔佛海峡的北岸。

此刻，丘吉尔已经抵达华盛顿，受到罗斯福的热烈欢迎。英美两国领导人进行了会谈，双方人员共同举行了代号"阿卡迪亚"的全体会议，进行了卓有成效的工作。会议决定成立总部设在华盛顿的联合参谋长委员会；会议确认战争的主要敌人是希特勒领导的德国，同时认为阻击日本侵略的太平洋战争是这场世界大战的重要组成部分。为了便于联合作战，统一指挥，会议决定在太平洋战区建立ABDA（即美国、英国、荷兰和澳大利亚）联军司令部。根据罗斯福总统的意见，由英国人韦维尔出任联军总司令。

丘吉尔与罗斯福会谈的最重要内容之一，是建立世界性反法西斯大联盟。经过大量的电报往返，由26个国家参加发起的这个世界组织的成立准备工作基本就绪。罗斯福提出以"联合国"替代原来拟议中的"协约国",作为这一世界组织的正式名称。丘吉尔对此表示赞同。他随即指出拜伦的《蔡尔德·哈罗德游记》一诗中的诗句证明罗斯福的提议是多么恰当:这里,联合国拔出刀来的所在,我们的同胞们那天在战斗!这是许多将永垂不朽的事——而且一切都将永垂不朽!

1942年1月1日,罗斯福到丘吉尔下榻的房间,两人对《联合国宣言》草稿最后敲定。随后,在总统书房里,由罗斯福、丘吉尔、李维诺夫和宋子文分别代表美国、英国、苏联和中国签署了这个历史性文件。

而汇集其余22个国家的签字任务则留给美国国务院去办理。宣言声明各签字国政府对英美两国共同发表的"称为《大西洋宪章》的联合宣言中所包括的关于目的和原则的共同纲领,已经表示同意",宣言宣称各国政府:

"深信为了保卫生命、自由、独立与宗教自由,为了保全它们本土内和其他地区内的人权与正义,取得对敌国的完全胜利是十分重要的,深信它们现在正从事于一场反对企图征服世界的野蛮和残暴势力的共同斗争,特宣告:(1)每个国家的政府保证使用它的军事的或经济的全部资源,来反对同它处于战争状态下的三国公约成员国及其附从国家。(2)每个国家的政府保证同本宣言各签字国政府合作,并不与敌国单独停战或媾和。"

《联合国宣言》的签署标志着世界性反法西斯统一战线的建立。

第五章 降落的米字旗

中国、美国、英国、苏联等26国代表在华盛顿签署《联合国宣言》

除了这一重大成就之外，丘吉尔还在美国国会发表了受到热烈欢迎的演说；对加拿大做了短暂的访问。在此期间，他有过一次轻微的心脏病发作，引起了医生的注意。1月初，丘吉尔在佛罗里达州休息了几天之后，于1月15日赴百慕大群岛，准备乘"约克公爵"号战列舰回国。但他一时心血来潮，决定改乘送他来此的波音飞机飞越大西洋——这使他提前一星期回到了伦敦。

丘吉尔回国后，发现由于社会舆论对战争失利局面的议论，导致了不利于政府的消极情绪。他决定就信任问题举行一次议会辩论。1月27日，辩论开始后他首先发言，丘吉尔还谈到了对苏联援助，谈到华盛顿之行的政治和军事成果。最后，他以退为进地谈到了面临的困难和他应负的责任。他说："我就是议会和全国应该责备的人，因为我为他们服务得不够好。虽然发生了过去的错误，而且今后还会发生，可是我若得不到他们的信任和诚心诚意的帮助，我也无法有效地为他们服务。"

丘吉尔的演说极为成功。当下院进行信任表决时，丘吉尔内阁以464票对1票获得了几乎一致的拥护。但是，战争局势仍在进一步恶化。

在北非，隆美尔发起了重新夺回班加西的攻势。在北大西洋中，德国潜艇仍活跃异常，仅在1942年头两个月就击沉英国商船52艘。这些情况使英国政府的声望不断下降。

为了安抚社会舆论的不满，丘吉尔对政府进行了大规模改组。

★在新加坡，前线继续传来坏消息

新加坡岛位于马来半岛的最南端和马六甲海峡的东端，与苏门答腊岛隔海相望，是海上航船出入太平洋和印度洋的门户，素有"狮城"和"东方直布罗陀"之称。自古以来，新加坡就是一个海上交通和贸易要地，也是兵家必争之地。自1819年起，新加坡就成为英国在东南亚的重要殖民地。马来半岛和新加坡大量种植的橡胶树，使该地区成为世界主要橡胶产地，也使新加坡成了英国在东南亚的"聚宝盆"。19世纪后半期苏伊士运河开通后，新加坡港口停泊的船只急剧增加，贸易活动更加繁忙，新加坡的战略地位更重要了。

新加坡岛面积不大，约360平方公里。岛的南部是新加坡市所在地，居住着新加坡岛上的大部分居民，城市之外的乡村和小镇疏疏落落，人烟稀少，到处是大片大片的橡胶林和郁郁葱葱的热带植物和丛林。马来半岛与新加坡之间隔有1000余米宽的柔佛海峡，一条长堤横跨其上，使海峡之南北的新加坡和柔佛巴鲁天堑变通途。

3. 新加坡，誓不放弃

1942年春，山下奉文在居銮的战斗指挥部下达了进攻新加坡的计划，决定向该岛发起登陆作战，命令各部队按期限抓紧时间，进行攻击前的准备工作。这时，日军集结在柔佛海峡北岸的部队有：27个步兵营、14个炮兵营（火炮168门）、3个坦克兵团、20个工兵连，共约5万人。参加马来作战的航空部队有2/3被调去支援进攻苏门答腊的作战，剩下的108架轰炸机、40架战斗机、14架侦察机（共计162架），准备参加对新加坡的进攻作战。

日军将登陆场选在长堤以西地区，以第18师和第5师担任主攻。近卫师受命担任佯攻，以牵制敌人，被配置在长堤以东地区。2月8日之前，近卫师多次进行佯动，构筑炮兵阵地，频繁调动部队，装作准备从那里横渡海峡的样子。英军指挥部不明虚实，将守军的2/3兵力部署在堤东地区，

珀西瓦尔

而堤西地区的防御比较薄弱。

英军原来在新加坡的设防，完全是针对海上进攻的。它的海岸炮大部只能对付来自海上的敌人，仅有极少数可作大角度地旋转射击。其背后的陆上防御设施是开战后临时构筑起来的，其坚固程度可想而知。岛上粮食、弹药虽较充足，但守军作战能力有限，多是从马来半岛战场刚刚退下来的士气沮丧的部队。

连日来的惊恐和焦虑使驻马来的英军司令珀西瓦尔显得更加消瘦了。一个接一个的作战失利，折磨的他面容憔悴，眼窝深陷。在英军中，珀西瓦尔素有"马来通"之称。此人长着两颗暴露的门牙，按说应是刚猛一类的虎将，但平日却以绅士自居，性格内向，遇事优柔寡断。

此刻，珀西瓦尔手里攥着情报人员刚刚送来的一份情报，在司令部的大房间里来回踱着慢步，心里一个劲儿地提醒自己：镇静，镇静。

珀西瓦尔手下有8.5万人，除去1万余非战斗人员，还有7万人可以用于保卫新加坡的作战。用7万兵力对付5万来犯的日本人，照通常的"攻防兵力比为3比1"的用兵原则看，居于防守一方的英军应该占有绝对优势，珀西瓦尔应该有信心才是。但实际上，他现在一点自信心都看不到。

他的士兵训练不足，武器装备很差，士气更因为连吃败仗而十分低落。他一边走一边摇头："一旦开战，胜负难分啊！"不过，他转而一想，柔佛海峡是一道天然的屏障，易守难攻，"或许我们能够打败他们"？想到这儿，他那一直严峻冰冷的面孔露出了一丝难得的微笑。

他觉得应该让士气低落的部队看到光明，让部下受到鼓舞。于是，他给部下打气道："我们的任务是守住新加坡这座堡垒，直至援军到来。我们的援军肯定会来的……"说到这里，连他本人都觉得有些苍白无力。但是，局势到了这步田地，他又能做什么呢？

为了对付从北面进攻的陆上之敌，珀西瓦尔决定把防御前沿阵地建在长满热带植物的海滩上，并让所有驻守新加坡岛的英军、澳军士兵和印度雇佣兵全体动员起来，加紧修筑防御工事。但由于新加坡的防御体系本来是针对海上之敌构筑的，改起来谈何容易？针对北面陆上之敌的正面防御工事虽然紧急修筑起来了，但并不怎么坚固。更让珀西瓦尔后来懊恼不已的是，他把防御重点放在海峡长堤东北面的开阔地上，并在那里部署了远渡印度洋赶来增援的英国陆军第18师，并把澳大利亚师调过来防守西北海岸。这样，英军虽然在人数上占有绝对优势，但是防线拉得过长，且错误估计了日军进攻的主攻方向。

进攻新加坡之前，日本人把海峡岸边20公里以内的居民全部撵走，在此集结部署了400多门大炮，准备了充足的弹药，同时又趁夜色把几百条可折叠的登陆艇运来，藏在离岸边不远的丛林中，以备登陆之用。

第五章 降落的米字旗

　　与此同时,日军飞机对新加坡岛的轰炸频率和强度越来越高。岛上四处弹坑累累,断壁残垣,有的建筑物蔓延着大火,浓烟滚滚,遮天蔽日。市内防空洞很少,人们无处躲藏,到处可见被炸得肢体残缺的尸体。城外的一些沟渠被应急充当墓地,沟内堆满了来不及掩埋的死难者的尸体,惨不忍睹。

　　2月6日晚,日军近卫师向新加坡东部明火执仗地发起进攻。20多艘登陆艇载着400多名士兵和山炮急速驶向樟宜堡对面的一个小岛——乌敏岛。7日清晨,占领乌敏岛的日军架起山炮,猛烈轰

发动冲锋的日本士兵

击英军的樟宜海军基地。雷鸣般的炮声迷惑了珀西瓦尔——他迅速派遣了增援部队。

2月8日傍晚，日军440门大炮一齐开火，一排排炮弹的爆炸闪光把夜空映成了橘红色，整个新加坡城地动山摇。炮火射击的目标首先是实里达海军基地的大油库，油库随即发生惊天动地的大爆炸，熊熊的冲天大火照亮了海峡和海岸。日军摧毁油库是怕英军把油倒入海里点燃，来一个火烧日军战船。不久，日军炮口转向长堤以西，轰炸那里的防御工事。那里是日军主力强行登陆的地点。

夜晚10点30分，日军300多艘登陆艇，每艘载着40名全副武装的日本兵，分批排开，悄悄驶离海岸，在隆隆的炮声中冲向新加坡西北海岸。

日军避开英军重兵防守的东北面的开阔地，把攻击矛头指向战斗力薄弱的澳大利亚部队的防线。该地区靠近海边是一片沼泽，阵地前沿长满了浓密的热带灌木。灌木阻挡了澳大利亚士兵的视野，沼泽影响了各个据点的支援与协调。

当1万多名日军突然靠近澳军防

阿奇博尔德·韦维尔

守的海岸时，哨兵才发现情况。当士兵们奉命打开探照灯并开始射击时，一切都为时太晚了。日军登陆艇已经逼近海岸，大炮因太近而派不上用场。在近战中，澳军士兵根本不是日本兵的对手。不久，首批日军就轻易地登陆成功了。

日军后续部队不断登岸，到2月9日天亮时，登陆日军已达万人之多。

日军先头部队上起刺刀，发动一次又一次的冲锋，与澳大利亚部队进行肉搏战。拼刺刀是日本兵的强项。缺乏这方面训练的澳军士兵哪里是日军的对手，虽然拼命顽强抵抗，最终还是全线溃败了。

白天，山下奉文站在柔佛王宫瞭望塔楼的大窗户后边，用望远镜观察对岸的战事发展。先头部队势如破竹，第18师的前头部队已经突进到距离新加坡城外16公里的地方。他从这里看得清清楚楚，并不时发布命令，指挥炮兵和飞机给予火力支援。

9日，近卫师从长堤东侧登陆，配合从西北和正北方面进攻的主力，三面突破夹击，矛头全部指向岛的中央。

10日清晨，山下奉文按捺不住激动的心情走出王宫，与参谋们一起乘坐3条登陆艇渡过柔佛海峡。尽管英军炮火仍然十分猛烈，炮弹不时在海面爆炸，激起巨大的水柱，山下奉文还是安全上岸了。他把指挥部设在了刚刚夺占的天嘎机场北面的原英军高炮阵地上——他要靠前亲自指挥对新加坡的攻城战。

日军在马来战场取得节节胜利,新加坡危在旦夕。这一切使美英荷澳盟军总司令阿奇博尔德·韦维尔寝食不安。自 1941 年 12 月 23 日美国总统罗斯福和英国首相丘吉尔在"阿卡迪亚会议"上决定韦维尔担任盟军总司令以来,虽然短短不过 2 个月时间,但是巨大的工作和精神压力,使他心力交瘁。再这样下去势必一败涂地,他决定亲自到新加坡岛视察,组织反击。

2 月 10 日上午,韦维尔从爪哇来到新加坡英军司令部的坎宁堡,并立即召开作战会议。

在会上,韦维尔首先拿出丘吉尔的电文,高声念道:"战斗必须拼到底。战地指挥官和高级军官应该和士兵死在一起。英国的荣誉在此一举。苏联人正在浴血奋战,美国人在固守吕宋岛。英国的荣誉在此一举。"

他是个不轻易激动的人,喜欢冷静地思考问题,但是面对如此局面也禁不住怒火中烧。他对珀西瓦尔大发雷霆:"看看吧,你的对面就是日军的桥头堡,敌人那么容易就把你打趴下了,你的胆子呢?你的士兵呢?你的武器呢?!"

珀西瓦尔本来是一位典型的英国绅士。这样的训斥使他太伤自尊。他禁不住反唇相讥,指责韦维尔指挥不当,协调不力。两人在会议上互不相让,互相指责、谩骂,而且声调越来越高。争吵声传到走廊,传到隔壁房间,参谋人员简直无法相信这些污秽的语言,竟然出自他们平日尊敬的两位长官之口。

第五章 降落的米字旗

会后，韦维尔来到澳大利亚将军戈登·贝内特的前线司令部，可以想象，他所看到的一切都糟不可言，心中的怒火更是不吐不快。韦维尔不停地挥动着两只手，对贝内特大吼大叫：

"你应该赶快向日本人发动反击，人家在用皮鞭抽你的屁股，你却撅着不动，真不知羞耻……"

他的怒吼还没有结束，一颗炮弹落在屋顶上，两位将军不得不钻进桌子底下躲避。爆炸过后，他们从桌子下钻出来，又听到轰炸机隆隆飞近的声音。显然，贝内特正在实施的反攻毫无成效。韦维尔更加怒不可遏了，他摔下一句"你这个笨蛋，带着你该死的澳洲

"桑德兰"式水上飞机

佬滚你的蛋吧"！便头也不回地离去了。

尽管丘吉尔一再命令韦维尔指挥英军全线反攻，但是已经毫无意义了。韦维尔不能给予新加坡守军任何援助，他极为沮丧地返回爪哇。韦维尔离开新加坡的第二天，日军攻占了俯瞰新加坡市的武吉知马山，控制了将近半个岛屿，其先头部队已经接近位于新加坡市郊的跑马场。

英军再也没有退路了，困兽犹斗，他们的抗击越来越顽强，从城内发射来的炮火惊天动地。

日军进攻的锐势减弱了。山下奉文站在武吉知马山顶眺望新加坡市内，心里禁不住有些发慌。日军的补给吃紧，弹药也快要用光了，而英军的炮弹似乎还十分充足。如果英军发觉这种情况而拼死展开巷战，他的部队就束手无策了。他命令日军放慢进攻速度，调来轰炸机加强对市内的轰炸，施加心理压力，企图以此唬住英国人，逼迫珀西瓦尔投降。

★ 不幸的司令帕西瓦尔

1941年5月，帕西瓦尔被提升为临时中将并成为马来亚总指挥官。他乘一架"桑德兰"式水上飞机离开英国，花了两个星期才到新加坡。

对于此项任命，帕西瓦尔的心情十分复杂。他自述道："去马来亚的路上，我意识到我面临的危险，一方面如果战争不爆发，我就会在那里无所事事地待上几年；另一方面如果战争爆发，在战争初期我就会在帝国的偏远角落里带领一支力量不足的部队。"

帕西瓦尔一上任就开始训练军队。其属下的印度军队由于将大批有经验的军官抽调回印度建设新部队，尤其缺乏实战经验。同时，英国皇家空军缺乏飞机，因此他只好用商业飞机和志愿航空队替代。

1941年12月8日，珍珠港进攻前一小时，山下奉文指挥的日本第25军在马来半岛登陆。12月10日，帕西瓦尔签署了一道当日特别命令以激励士气（不过收效甚微）："在这考验我们的时刻，总司令要求马来亚的全体官兵全力作战，保卫马来亚和邻近的英国领地。全国在注视着我们。我们在远东的地位处于危急之中。这场战斗可能很长，很严酷。但让我们面对这一切，不辜负我们担负的最大的信任。"

4. 别了，战友

从2月11日到14日，日本陆军航空兵第3飞行集团总共出动轰炸机4700架次，投弹770多吨。新加坡市整日爆炸声此起彼伏，持续不断，爆炸的气浪与滚滚黑烟，遮天蔽日。

山下奉文这一招果然奏效，他几乎要达到目的了。

经典 百年海战大观 "威尔士亲王"号覆没记

在新加坡就餐的英军官兵

城内的守军惊慌失措，许多士兵和官员竟然靠酗酒消除战争的恐惧。市区到处散发着刺鼻的酒气和死尸的恶臭，居民们纷纷逃离新加坡这个死亡之岛。这几天有50多条船驶离新加坡港，船上挤满了逃难的男女老少。但是，只有几条船只幸运地逃过日军的海上封锁线，其余的全部被击沉而葬身海底。毫无人性的日本海军任凭妇女儿童在水中挣扎，沉没海底。

为了进一步对城内守军施加更大压力，2月14日，山下奉文下令切断城市的供水，并且命令前线日军向城市外围的英军弧形阵地发起猛烈冲击。有一队日本兵冲进亚历山大野战医院，用刺刀挑死了躺卧在走廊和地板上的所有伤病员,其残忍的兽行令人发指。更为让人难以置信的是,正在进行外科手术的医生和伤员也遭到日军的机枪扫射而无一人活下来。

与此同时,山下奉文极尽软硬兼施之能事,他让手下写了一份措辞谨慎而严厉的"劝降书",诱使英军就范。他派出侦察机投下29份"劝降书"。为了醒目,还在装有劝降书的通信桶上系上了红白相间的飘带,并且投送到英军司令部所在地坎宁堡高地附近。

但是,直到14日晚,仍不见英军答复,珀西瓦尔保持沉默。双方炮战仍旧在继续,只是日军炮火明显减弱。双方前锋部队仍旧在交战,只是日军士兵进攻的锐势大不如以前了。前线的日军士兵已经连续战斗了7天7夜,十分疲劳了。日军储存的炮弹所剩无几了,有的炮兵阵地只有几发炮弹了。粮食也快吃光了,不少士兵只能靠残留的一点豆粉坚持着,有的就近搜寻可以入口的东西充饥。

为了打击新加坡城内军民的士气和抵抗意志,瓦解民心,山下奉文下令集中炮火轰击居民区。轰炸过后,瓦砾与尸体散乱街头,惨不忍睹。同时,他顶住各方面的压力,严令各部队继续进攻,不得松懈。他想,英军肯定也快吃不住劲了。

2月15日14点许,在攻入布基帖马街道的第5师第11团正面,出现了一辆破旧不堪的小轿车。车头前面,一边插着一面"米"字旗,一边插着一面白旗。车子驶到日军阵地前边停了下来,从车上下来3个扛着白旗的英国人。"决不考虑投降"的英军终于考虑投降了。此前珀西瓦尔召集了各区指挥官会议，会上分析了残酷的局势，认为抵抗下去已经没有意义。珀西瓦尔首先提出准备投降，会上没有人看出日军的致命弱点而提出再坚持抵抗的意见。这3个人就是英军派来联系投降谈判事宜的代表。

日军与英军双方约定18点在布基帖马街三叉道北边的福特汽车工厂办事处，具体交涉投降的有关事宜。山下奉文要求珀西瓦尔一定要来参加谈判，以表示英军投降的诚意。英军代表满口答应，败军之将不敢多挑礼。

1942年2月15日18点，珀西瓦尔和他的参谋长特朗斯准将等人在福特汽车工厂办事处门前刚下车，就被日本新闻记者和摄影师

生活在轰炸废墟中的新加坡民众

团团围住。这是一个震惊世界的重大新闻，也是日本南进战略取得历史性胜利的时刻，日本记者在争先恐后地抢新闻，摄影师在抢镜头。英方一行人穿着短袖英国陆军制服，短裤、长筒袜，头戴像洗脸盆一样的扁平钢盔，手里举着白旗。他们冲破记者的包围快速走进屋内，在谈判桌一侧坐下，等候山下奉文出场。整个房间不大，但是前前后后涌进来40多人。

英军投降，对于山下奉文来说，既是所盼，又来得有点突然。他担心英国人在跟他玩什么缓兵之计，以至还没来得及考虑投降条件，对谈判的细节更没有仔细琢磨。山下奉文穿着佩带勋章的军上衣，阴沉着脸走进来，举止刻板地在谈判桌的另一边坐下，一开口就来了一个下马威："我军除了接受你们投降外，其他一律不予考虑。"他内心告诫自己，千万不能让珀西瓦尔探得日军的底细，再反悔，再恢复抵抗。

身高两米的高个子珀西瓦尔，两眼布满了血丝，涨红着脸，显得局促不安，说话时显得有些底气不足："在晚上10点半以前，我们恐怕不能做出最后答复。"

"不行。"山下奉文蛮横地说，"你们必须立即投降，否则我们就恢复攻击。"

双方的翻译水平实在太差，两个人之间又动嘴巴又打手势。

"你们若不现在决定投降，我们就按照原计划发起夜间攻击。"山下奉文有些烦躁而急不可待。

经典 百年海战大观 "威尔士亲王"号覆没记

珀西瓦尔在新加坡向山下奉文投降

"贵军能否留在原地不动,我们明天上午再谈?"珀西瓦尔涨红的脸变得煞白。

"不行!"山下奉文以愤怒的语气掩饰自己内心的不安,"我要求你们今晚就停止敌对行动。我再提醒你一下:没有什么可以讨价还价的。"

显然,珀西瓦尔被镇住了,他原指望有一个体面的议和局面,现在看来难以实现了。

"我们准备今晚8点30分停火,但是有一个请求。"

"什么请求?"

"为了防止混乱,我请求晚上8点30分之前双方军队都不要向前推进。"

第五章　降落的米字旗

　　山下奉文松了一口气。他装作很勉强地回答："好吧。"停顿了一下，他又显得十分大度似的补充道："投降后，我允许你们保留1000人的全副武装士兵，用来维持新加坡市内的治安。"

　　珀西瓦尔一时没有讲话，沉默了好大一会儿。山下奉文警觉起来："我已经同意你的请求，但是，你还没有明确表示是否投降。"

　　珀西瓦尔被逼得再也没有退路了，这是他一生中最感耻辱和最痛苦的时刻。只见他先蠕动了一下喉头，又伸出舌尖舔了一下干裂的嘴唇，最后勉强地点了点头。

　　这种含糊的表态把山下奉文激怒了，他无法接受这种无声的承诺。他告诉日方翻译，他要英方一个明确而简单的回答。可是双方翻译连手势都用上了，却还是你来我去地弄不明白，扯个没完。

　　山下奉文完全失去了耐心，他打断了日方翻译的话，把脸转向珀西瓦尔，厉声问道：

　　"投降，还是不投降？是或不是？请回答！"

　　"是的，我们投降。"

　　珀西瓦尔的回答实在有气无力。这位昔日神气十足的殖民统治者和英国高级将领就这样让日本人的虚张声势吓破了胆。

　　这场进行了将近一个小时的谈判以英国人的彻底屈服而告结束。公元1942年2月15日19点50分，珀西瓦尔签署了投降书。

　　20点30分，"狮城"新加坡一片沉寂，连零星的炮声都没了。英军在远东苦心经营了100多年的"东方直布罗陀"和世界第4大

经典 百年海战大观 "威尔士亲王"号覆没记

日本士兵从新加坡邮政总局前走过

军港到处插满了太阳旗。

这一天是英国首相丘吉尔最为黑暗而最感耻辱的一天。仅仅在一个月前，他还向全世界信誓旦旦地保证：日本人想攻克英国在远东的堡垒——新加坡，比登天还难。

日本列岛自偷袭珍珠港成功以后，又一次掀起了欢庆胜利的狂潮，家家户户都收到政府发给的庆祝礼品：啤酒、赤豆和三合酒，有13岁以下儿童的家庭还得到了一盒糖果。

报界声称马来战役是日军史无前例的"最精彩"的陆战胜利。山下奉文因其勇猛善战、横扫马来半岛，被吹捧为"马来之虎"。

当时，德国驻新加坡总领馆武官等人前来庆贺山下奉文的胜利，并视察战绩。在为他们举行的宴会上，一个名叫来乃的举杯致敬高叫道"虎将军"。"不，我不是虎。"山下奉文好像对"虎"很反感，也相当讨厌"马来之虎"这一绰号。他解释说："虎这东西，归根到底不过是胆小而危险的兽类，专从背后袭击比自己弱小的对手，等到年老体衰时，就找动作迟钝的人，成了吃人的老虎。可以说是品质低劣的野兽！"

就在山下奉文占领新加坡的第二天，裕仁天皇的侍从武官专程抵达新加坡，向山下奉文传达了倍加赞赏的天皇圣旨和皇后的懿旨，令山下奉文感激不已。山下奉文的家乡顷刻间访问的旅客增多起来。德国国防军军官学校的战史教科书上也加上了马来作战的一段。

新加坡弃守后，这年3月9日，印尼群岛荷军投降；5月6日，美菲联军7万余人在巴丹半岛投降，菲律宾沦陷；5月8日，缅北重镇密中南半岛失守，中国远征军、英印军全面撤退，缅甸落入日军之手。中国与盟国的陆上交通被彻底切断，只能靠驼峰航线空运获得援助物资。

日军还向盟国在太平洋中部和南部的一些战略岛屿，如关岛、威克岛、俾斯麦群岛、新不列颠岛、巴布亚新几内亚岛等地进攻，达到了建立空军前进基地的目的。

接着，日本为了切断美国和澳大利亚的联系，相继进攻所罗门群岛和莫尔兹比港，日本海军掩护陆军行动，在珊瑚海海战中，日海军与美军相遇，爆发了人类历史上第一次航空母舰之间发生的海战，海战中日本损失一艘轻型航空母舰，另有两艘航空母舰受到重创，而美国损失"莱克星顿"号航空母舰，"约克城"号航空母舰受伤。日军未能实现其战略目标，向莫尔兹比港的进攻被遏制。

与此同时，美军"大黄蜂"号航空母舰在哈尔西的指挥下，搭载16架B-25B"米切尔"重型轰炸机轰炸日本东京、神户等地，虽然造成的损失微乎其微，但刺激了日本神经。日本认为这些飞机来自中途岛，因而匆忙间发起中途岛战役。而美国在此之间就破译了日军密码，对日军的下一步目标有了明确认识。

在中途岛海战中，日军兵力分散，对美军估计不足，且指挥混乱，被美军突袭成功，5分钟之内损失3艘精锐的航空母舰，元气大伤，虽然剩下的"飞龙"号航空母舰成功重创了美军"约克城"号航空母舰，但也被尾随而来的航空母舰舰载机击沉。此役中，日军第一机动舰队的4艘航空母舰被击沉，另有一艘重巡洋舰沉没，同时还损失各种飞机300多架，100多名富有经验的航空人员阵亡。中途岛海战，也是太平洋战争的转折点。此役后，日本由在亚太地区的战略进攻，开始转入战略相持。

★日军残杀中国华侨

占领了新加坡后，山下奉文为了有力地控制当地局势，切断当地与中国大陆抗日力量的联系，命令专门人员制订了周密的《肃清华侨》计划，对当地华人进行残酷的大屠杀，约有10万多名华裔在这次屠杀中惨遭重机枪扫射丧命。到后来为了节约子弹，干脆把人绑成一串装上船，在离海岸5海里左右的地方将人推到海里。这便是臭名昭著的"新加坡大屠杀"。在屠杀的同时，日军聚敛这些华人的家财，对东南亚人民，尤其是华裔们犯下了滔天罪行。山下奉文还勒索南洋华侨，要华侨交出5000万元俸纳金。山下奉文当时给的理由是："华侨支持重庆政府抗日，这笔俸纳金，是你们向日军赎罪的买命钱。"日本人成立了南洋华侨协会，要70多岁的华侨长老林文庆博士担任会长，并要他以协会的名义去筹钱，新加坡要负责1000万元。年逾古稀的林文庆在劫难逃，被迫出面组织"华侨协会"，并筹足5000万元的"俸纳金"献给日军最高指挥官山下奉文，作为愿对日本的军事统治加以合作和支持的一种表示，这才避免了更多的华侨受害。